豊前国三十三観音札所めぐり

歴史と心の旅路

藤井悦子

写真……中村順一

花乱社

「ふるさと」に生きる

福岡女学院大学講師　半田隆夫

豊前国の三十三か所の観世音を安置する札所は、収載された地図上で追ってみると、東は宇佐から耶馬渓・中津・上毛・豊前・行橋・香春《かわら》、そして西は小倉に至る市町村に分布している。著者である藤井悦子さんの研究によると、「各藩ごとに札所めぐりが広がる中、江戸時代も中期、小笠原公の時代、領内に豊前三十三観音めぐりは誕生した」という。

寛永九（一六三二）年、細川氏が肥後に移封後、中津には、播磨国龍野六万石より譜代大名小笠原長次《ながつぐ》が八万石で入封《にゅうほう》した。細川氏の旧領地には、小倉に忠真《ただざね》、龍王に重直《しげなお》、木付に忠知《ただとも》と、小笠原四家が配置され、四つの藩が成立した。こうして、北部九州は、譜代大名小笠原氏による九州支配の拠点となった。

本来ならば、「各藩ごとに札所」が設けられるのであるが、中津藩・龍王藩・小倉藩の三つの藩領域に「豊前国三十三観音札所」が跨《また》っているのが特徴である。

本書には、「中津川由来記」、「麻生村禅源寺年代記録」、「京都郡寺院明細帳」、『黒田家譜』、『豊前志』、『京都郡誌』など、多くの古文書や記録・史書が活用されている。そして、御詠歌をはじめ、万葉歌人の詩《うた》、林秋翠の短歌、山頭火の句、「くろつち短歌会」代表安仲光男の歌、藤井悦子の短歌など、「心の旅」を詩歌《しいか》で綴ったものでもある。

藤井悦子さんの書き綴られた文章には、独特な風情と親しみがある。

「先の草取りをしていた女性は、その若者（アメリカ人女性）からもらったネックレスも自分には似合わないので観音様に掛けている」と。観音様の首に掛けられたネックレスを捜しに出掛けてみたくなる。

また、歌人としての文学性と、庶民に視座をすえた歴史観とが、「自然」と「人間」とのかかわりを豊かに表現している。これらの文辞に添えられた中村順一さんの写真もすばらしく、そのまま貴重な記録遺産となる。


私事で恐縮であるが、私は、中津で生まれ、小学三年生まで豊田小学校に通った。大学を卒業した後、そのまま福岡に住み着いている。しかし、ふるさと・中津は懐かしく、『市令録』や『中津藩歴史と風土』一〜一八輯を、中津市の文化事業の一つとして刊行させていただいた。また、『大分県史』の編纂では、中津藩の執筆を担当した。『豊前市史』の編集のとき、藤井悦子さんのご主人較一さんと編纂室でご一緒させていただいた。

札所めぐりやお遍路を、私はやったことはないが、鯰の絵馬や石灯籠・石像・トーテムなどを探しに九州や四国・淡路島・大垣などの神社・寺院を尋ねた。

このたび上梓された著書を手に、ゆっくり札所をめぐってみたい。本書をご一読いただき、「地域」に生きる喜びを共有したいものである。

半田《はんだ》隆夫《たかお》　一九三八年、大分県中津市生まれ。九州大学大学院修士課程修了。九州共立大学、放送大学福岡学習センターなどを経て、現在福岡女学院大学講師。著書『九州の歴史と風土』、『薩摩から江戸へ——篤姫の辿った道』など。福岡県柳川市在住。

はじめに

正月も十日を過ぎて、宇佐神宮へお参りをした。太い樹々の間を上りながら、時に樹の肌に手を触れ、見えない樹の末までも見上げ、こぼれてくる光を浴びる。

平成二十五年には神宮本殿の檜皮葺《ひわだぶ》きの屋根の公開修理が行われ、屋根には工事用の足組みが用意されていた。二十七年には勅使巡拝が行われるのだという。南口にモノレールが通り、車椅子でもお参りできるようになった。

昔からこの辺りでは「うさ、らか、ひこ、くぼ」と言われてきた。それは一生の内に「宇佐神宮、羅漢寺、英彦山、求菩提山《くぼて》」へお参りできれば幸せであるとも、また後の世で魂が救われるとも思われてきたようである。

私が子供の頃には、今よりもっと宇佐神宮との関わりが深かったように思う。

たとえば、山国川での鮎や鰻の梁《やな》架けは、宇佐の夏越《なご》し祭（放生会）の神事が済んでからと決まっており、その際使われる竹の伐り出しなど、その頃に行うのが最も良いとされていた。七月終わりの祭事には、村中こぞってお参りをした。

また、縁から垂らした祖父の足の甲に乗り、「ひんごさんに乗って　お宇佐にまいろう」と歌いながら、よく足を揺すってもらっていた幼い日。

古《いにしえ》、宇佐宮の勢力とともに、広く豊前の国の大部分が宇佐宮境内郷あるいは宇佐文化圏となっていったのであろうか。

日本に仏教が伝わると、一心に「南無観世音菩薩」と唱えることで衆生《しゆじよう》を苦しみから救うという観音信仰は、民衆にすぐに受け入れられ、観音札所信仰に結びついた。全国では一番に西国札所めぐり、次いで坂東、秩父の札所めぐりが開かれていった。九州では九州西国札所めぐりが北部九州を中心に組まれる。その後、各藩ごとに札所めぐりが広がる中、江戸時代も中期、小笠原公の時代、領内に豊前国三十三観音めぐりは誕生した。

「中津川由来記」(中津古文書会)には、豊前国三十三観音成立の由来が次のように記されている。


本朝元正天皇の御宇に当たり、仁門と申権者は震旦国陳大王の嫡孫王位を出、断悪、修繕の行法を執行し、初て日向国に日渡あり、九州を廻りて宇佐宮破壊の地を再興し玉ひて、次に豊後国早見、国東二郡六郷の内にて、百八十箇所の札所を建立し、胎蔵界の大峯と定め、今更修行の行者あり、且又、豊前国の内にて三十三所の札所を建立し、観世音を安置して聖主万歳大将軍、御武運長久、国家泰平、二世安楽の諸願を祈り玉ふ。

彦山・求菩提・宇佐・大貞浦辺の衆徒を初め、奴婢、雑人に至迄此峯に出歩して、諸願成就疑ひなし。


江戸中期、英彦山、求菩提山、宇佐神宮など、信者層を広めるため、加持祈禱、配薬など九州一円に檀家を抱えていき、山も豊かになっていく。

しかし、明治維新の廃仏毀釈によって寺院や仏像が壊され、また、昭和の世界大戦により民衆の生活全般が一変していくのである。そのうちに札所の地の大方は忘れられていった。

三十三カ所の札所の内、現在、住職在寺の札所は十カ寺に過ぎない。後は他寺による管理、あるいは地区の方たちの奉仕により維持されている。

その観音を祀ってから、どれほどの歴史の移り変わりがあったであろうか。寺院の名前が変わってきたところも多い。江戸中期に札所は決められたとしても、それまでの札所の歴史、あるいは信仰の深さあってのことだったに違いない。

大変由緒のある寺ながら、寺名が変わり、教育委員会を訪ねてようやく判明したり、その地区にはその一寺しかない、と指摘されたりもした。

各札所案内文の末尾に私の短歌を掲載させていただいたが、十二番札所のみは私の所属するくろつち短歌会の代表・安仲光男氏の歌を掲げさせていただき、また同会員の林秋翠さんからも二首いただだいた。

平成二十六年四月吉日

藤井悦子

札所選定にあたり

＊本書は、「中津川由来記」（中津古文書会）に記された札所を中心にまとめた。「中津川由来記」には三十二カ所が記載され、三十二番・田川郡高座石寺が欠けている。これは『豊前志』の中に見える。また『宇佐宮大楽寺』（宇佐宮大楽寺刊行会、昭和六十二年）では、十一番札所に岩城山（上毛郡宇野村）が入る。緒方観音堂と同町ということで十一番に併記した。十五番・日峰山は、「中津川由来記」には法念寺とあるが、御詠歌は法然寺末寺の観音堂にあるので、こちらも併記した。

＊各札所の初めに掲げた御詠歌の作者は、英彦山、宇佐宮とも関わりの深い法蓮和尚と伝えられる。大方の歌は「中津川由来記」からだが、十一番・岩木山と三十二番・高座石寺の御詠歌は、小野精一著『続大宇佐郡史論』（昭和十八年）より引いた。

＊札所番号は、「中津川由来記」・『豊前志』ともに記されていない。昔から言い習わされてきた番号だと思われる。また、見出しに掲げた札所名及び地名の表記は資料に基づいたものであり、現地での表示と異なる場合が多いのでご注意いただきたい。

＊番外として独自に五編を加えた。番外一の「里《り》んの足跡」は、九番札所の納経塔に入っていた西国札所のお札を納めた上毛村里んのことを取り上げた。番外二の極楽寺は、住職の國東氏により宇佐市の札所を案内していただいた。また、市にゆかりの文化財も観せていただいた。番外三の東椎屋の滝、四の福貴野の滝は、六番札所・西椎屋の滝を取り上げるかどうか迷った際に取材した。しかし、「中津川由来記」にも『宇佐宮大楽寺』にも温見村と出てくるので、院内の西椎屋を六番札所としたが、時代によっては東椎屋も札所になったことだろう。番外五の門司大里の滝寺でもたくさんの方たちにお世話になった。

豊前国三十三観音札所めぐり❖目次

1 一番▽宇佐 大楽寺
2 二番▽宇佐 西山観音堂
3 三番▽山本村 鷹栖観音
4 四番▽清水村 清水寺
5 五番▽麻生村 仙岩山観音堂
6 六番▽温見村 西椎屋の滝
7 七番▽東谷村 岩屋寺（龍谷堂）
8 八番▽耶馬渓 巌洞山（久福寺）
9 九番▽原井村 岩屋堂（堂の山の観音堂）

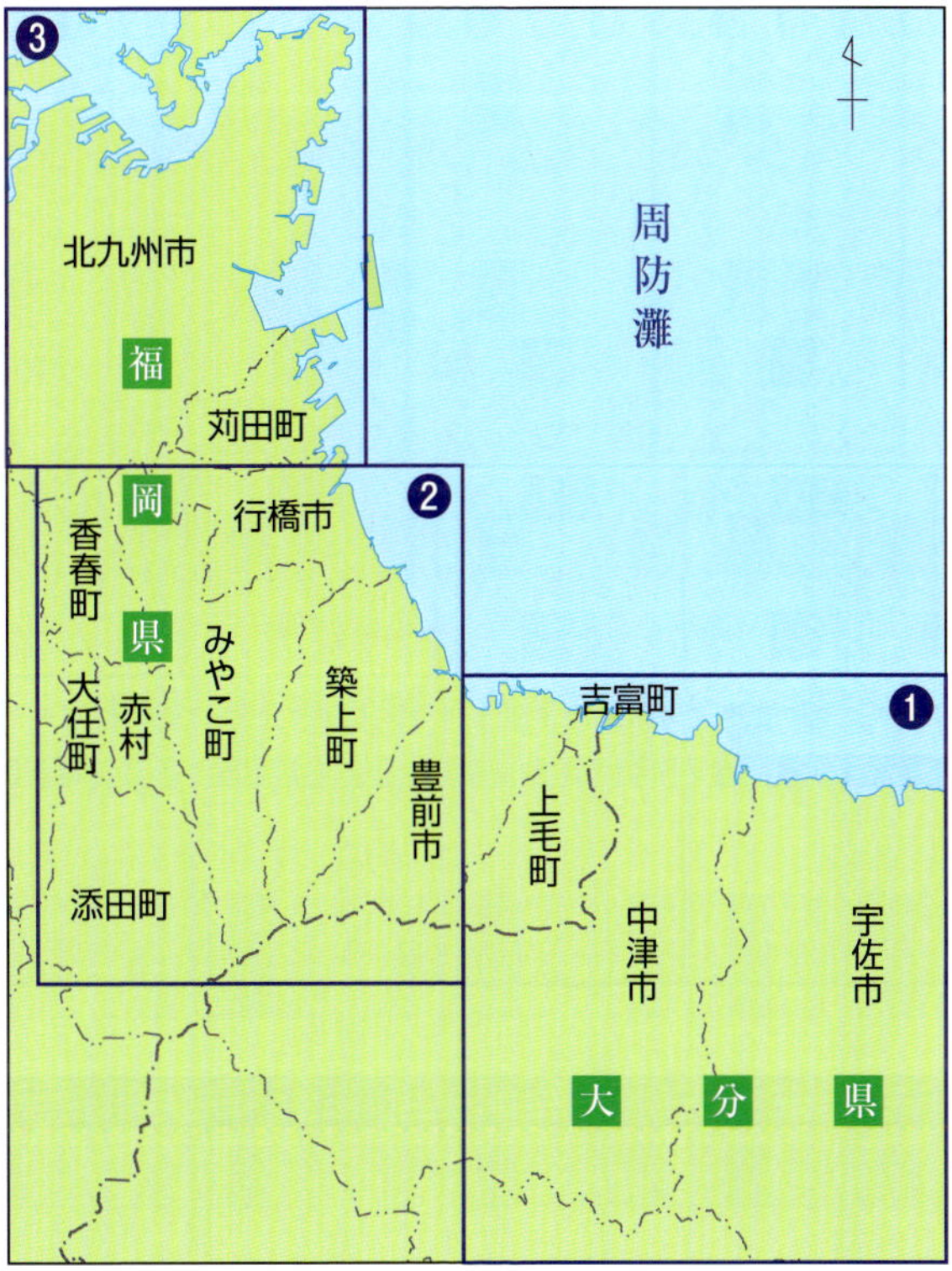

10 十番▽秣村 長谷寺
11 十一番▽上毛 緒方観音堂／岩木山観音堂
12 十二番▽挾間村 泉水寺
13 十三番▽山内村 如法寺
14 十四番▽求菩提 五箇岩屋（吉祥窟）
15 十五番▽八田村 塩田屋敷観音堂／法然寺内観音堂
16 十六番▽赤幡村 観音院（淵上寺）

17 十七番▽津留村 円光寺（井守寺）
18 十八番▽簗瀬村 簗瀬寺
19 十九番▽古河村 像田寺
20 二十番▽宝山村 宝山寺（養徳寺）
21 二十一番▽国分寺村 豊前国分寺
22 二十二番▽今井村 観通寺
23 二十三番▽稗田村 大吉寺
24 二十四番▽図師村 図師寺（月輪寺）
25 二十五番▽法正寺村 法正寺
26 二十六番▽等覚寺村 等覚寺（東伝寺）
27 二十七番▽曽根村 梱寺（謹念寺）
28 二十八番▽長野村 長野寺（大獄山観音寺）
29 二十九番▽滝川村 菅王寺（滝寺）
30 三十番▽鏡山村 四王寺
31 三十一番▽内田村 朝日寺
32 三十二番▽香蔵寺村 高座石寺
33 三十三番▽英彦山 鳥尾寺

＊

❶ 番外一▽上毛郡垂水村 里んの足跡
❷ 番外二▽宇佐 極楽寺
❸ 番外三▽安心院町 東椎屋の滝
❹ 番外四▽福貴野の滝と悲恋伝説
❺ 番外五▽滝の観音寺／お弘法観音

1
周　防　灘
吉富町
宇島
豊前おこしかけ
吉富
中津
東中津
今津
日豊本線
豊前善光寺
柳ケ浦
豊前市
しんよしとみ
山国川
上毛町
中津市
宇佐市
宇佐IC
院内IC
安心院IC
宇佐神宮
瓦岳
八面山
耶馬トピア
耶馬渓
卍羅漢寺
稲積山
和尚山
山袋
石山
香下ダム
鬼落山
大蔵山
烏帽子岳
乙村岳
大岳
耶馬渓ダム
仙岩山
鹿嵐山
鹿熊岳
竜王山
裏耶馬渓
裏耶馬渓温泉
鴫良温泉
折戸温泉
深耶馬渓温泉
院内温泉
安心院町山ノ口
玖珠町
樺木山
0
3km

2
周防灘
東九州自動車道
行橋IC
行橋
行橋市
南行橋
新田原
日豊本線
豊津
豊前国分寺
築城
築城IC
椎田
椎田IC
椎田道路
竜ケ鼻
塔ケ峰
日田彦山線
牛斬山
春日岳
障子ケ岳
香春町
香春
柿下温泉
上伊田
平成筑豊田川線
犀川
本庄池
戸城山
油須原
大任町
赤村
みやこ町
蔵持山
築上町
小川ダム
西川内ダム
国見山
豊前市
西添田
添田
犢牛岳
油木ダム
豊前桝田
陣屋ダム
添田町
日岳
朝日岳
彦山
経読岳
犬ケ岳
小屋ケ岳
雁股山
耶馬渓
中津市
鷹ノ巣山
英彦山
10
201
322
496
500
14
15
16
17
18
19
20
21
22
23
24
30
31
32
33
0
3km

3
191
下関
門司港IC
門司港
関門橋
砂利山
3
山陽本線
風師山
門司IC
戸畑区
199
門司
若松
5
戸畑
西小倉
小倉
鹿児島本線
山陽新幹線
新門司IC
北九州都市高速
周防灘
3
門司区
南小倉
九州自動車道
城野
足立山
小倉北区
八幡東区
北九州市
北九州モノレール
小倉東IC
下曽根
28
石田
27
日豊本線
企救丘
北九州JCT
九州自動車道
朽網
小倉南IC
小倉南区
苅田北九州空港IC
29
管生の滝
石原町
苅田
貫山
塔ケ峯
殿川ダム
10
322
26
山口ダム
ます渕ダム
東九州自動車道
呼野
苅田町
25
小波瀬西工大前
平尾台
0
3km
福智山

豊前国三十三観音札所めぐり

一番札所

宇佐　大楽寺《だいらくじ》

如意輪の誓ひを頼むたらちねは其身そのまま仏成りけり　（豊前御詠歌）

よのなかのうさをいとはぬためしにやちりにまじはるあとぞとふとき　（九州西国御詠歌）

▽宇佐市大字南宇佐二〇七

豊前三十三観音の一番札所（九州西国三十三番観音霊場四番札所）である医王山大楽寺（高野山真言宗、開山・道密上人、住職・二十三世安藤智性）は、宇佐宮に近く、宇佐大宮司到津氏の菩提寺である。持仏堂には歴代大宮司の位牌が祀《まつ》られ、裏山には墓地がある。

大楽寺の駐車場から、正面の石段を上がると右に、室町時代末期の安山岩製千手観音立像と、横に坐像の地蔵様が祀られる。青く苔むした観音像は、四百年そこに立ち続けたのであろうか、頭上の化仏《けぶつ》も顔面も少しばかり欠けている。

元禄年間（一六八八〜一七〇四）建立の門の天井や柱には、お参りした人のお札が貼られている。また、左右の軒下には、大きく口を開けた木彫りの龍が牙をむいている。

境内には、左に仁王像、蘇鉄の前に修行大師像が立ち、持仏堂前の左右にも石造仏が置かれる。

修行大師像［藤井撮影］

昭和五十八（一九八三）年に鉄筋コンクリート造りの収蔵庫（本堂）が建ち、昭和六十年には持仏堂・庫裡《くり》などを新築して、境内も整えられた。

元禄年間建立の大楽寺山門

如意輪観音を祀る持仏堂

正面の持仏堂には、九州西国、豊前観音札所の御本尊である如意輪観音像が祀られる。平重盛公の守り本尊であったといわれている。

市指定有形文化財の如意輪観音像の胎内からは、像高八・四センチの聖観音立像が発見され、持仏堂に安置されている。

真言系の寺院では重要な尊像として、如意輪観音が祀られる。大楽寺でも古くから、如意輪観音を本尊とする如意輪講が行われていたという。

文政九（一八二六）年に大楽寺住職慈光の代に新しく作り替えた「如意輪観音図」、また、如意輪講に用いられたと思われる「如意輪講式」一巻が伝わっていて、貴重なものであると、『宇佐宮大楽寺』（宇佐宮大楽寺刊行会、昭和六十二年）は伝える。

持仏堂の右奥には鳳凰が羽根を広げたような屋根の反《そ》りと、高い床を持つ本堂があり、「重要文化財収蔵施設」となっている。

九州八十八カ所霊場二十二番札所として、弥勒仏坐像が御本尊である。平安後期の定朝系仏師の制作であるといわれている弥勒仏は、半丈六仏で、脇侍《わきじ》の二菩薩立像とともに檜材で造られている。

大変穏やかな、落ち着いた雰囲気を持つ三尊像は、ふくよかな手や足の表情などから都に近い仏師の手で制作されたのではないかといわれている。宇佐ならではの仏像で、昭和二十五（一九五〇）年に国の重要文化財に指定された。

三尊像の両脇、後ろには本尊を守るべく四天王像が配されている。甲を着け、目を怒らせているが、像全体からはおおらかさが漂う。

その他には、県指定の鬼《き》面《めん》五《ご》鈷《こ》杵《しょ》（鎌倉時代）、市指定の大楽寺文書、舎利容器、聖観音菩薩立像や十二天図

上：五大明王像
下：持仏堂本尊の如意輪観世音菩薩

屏風などが収蔵されている。

南北朝時代の梵鐘が残る鐘楼堂と、大師堂の端に「南無不動明王」と書かれた旗と、そばに石造五大明王像が門の方を向いて屏風のように立っている。

中央に、赤く塗られた剣を持つ不動明王、北方に金剛夜叉《こんごうやしや》明王、東方に降三世《ごうざんぜ》明王、南方に軍荼利《ぐんだり》明王、西方には水牛の背に乗る大威徳《だいいとく》明王である。空海が初めて日本にもたらしたという不動明王は大日如来の替わりも勤められるという。

大楽寺には不動明王図も三幅伝わる。時代時代の必要に応じて役目をなしつつ、江戸後期までも不動信仰は続いていった。

境内には他にも多くの石仏があり、本堂の裏側にもお地蔵様であろうか、お堂を守るように立ち並んでいる。しだれ桜の少しばかり艶をもった枝が、お地蔵様の頭上にかかっている。


自転車に神宮の川土手下校する宇佐の乙女子頬赤くして　悦子

二番札所

宇佐　西山《にしやま》観音堂

西山の光を願ふもろ人は後の世かけてかなふ念力

▽宇佐市大字北宇佐一六六六

台風上陸に続き、雨ばかりの日々に少々うんざりしていた時、庭のそこここに白の彼岸花が咲き始めた。白に続き、田の畦の赤い彼岸花も芽を上げ、田の縁を色どる。古に中国から入ってきたといわれる彼岸花も、すでに日本の秋の風景として欠かせない。

異郷の中に、秋の彼岸を季として咲き盛る花は、仏の花に違いない。熱い夏の陽を取りこみ、怒濤のような雨を呑みこんで、少々きつい赤い色をも懐かしい色として定着させた。最中の九月の中旬、宇佐を訪れた。

西山観音堂（真言宗）は、宇佐神宮の呉橋に続く勅使街道沿い一キロばかりの所にある。一番札所の大楽寺からは、狭い道を西に約九〇〇メートルの西山の裾にある。宇佐神宮周辺の小盆地には、歴史的に神宮と関わりのあったであろう寺趾が散在する。

畑や家の間の細い道を上ると、こぢんまりとしたお堂がある。周辺は整備され、供花《くげ》も新しい。狭い境内の入り口には、苔むした石塔に「百万遍」と彫られた供養塔が建っている。弥陀の名号を百万回唱えることで、亡くなった人の供養をすることができるという。

堂内の観音は、鎌倉仏と呼ばれる木造聖観音の坐像で、黒々として力強い。黒々としているのは金箔が取れ、下地の漆《うるし》が現れたからで、頭上にはきらびやかな七宝荘厳の華冠を戴いている。宇佐市文化課によると、華冠は江戸時代のものという。

西山観音堂

観音堂の左手に稲田があり、昔の廣化寺《こうけじ》の跡ではないかといわれている。いつの頃か寺院が焼け、助け出された観音はその後、酒蔵にもらわれていったが、その酒屋の造る酒が腐ってしまう。これは観音様を小高い所へお連れした方が良いと、西山にお堂を建て観音様を安置した。すると、酒蔵の酒も良いものができて繁盛をしたという。

前出の『宇佐宮大楽寺』に、江戸時代後期、寛政三（一七九一）年「豊前国古義真言宗」の中に大楽寺と並んで、「宇佐神領西山廣化寺」と出てくる。宇佐神宮寺の末寺でもあった。旅の僧が一時、お守りをしていたこともある。

八月の初めに訪ねた時、すぐそばの畑で草取りをしていた女性が、雨が降るとよくお参りをするらしく、「この頃、やっと『風土記の丘』（現大分県立歴史博物館）から帰ってきたんよ。やっぱり観音さんが居らんと寂しいで」と言っていた。

西山観音堂の管理は円通寺がなさっている。一月十日には観音講が西山・一木・門前の四、五十人程で開かれ、

左：百万遍供養塔
上：地区の人に見守られている境内の小祀

毎回、経が上げられお説教がある。三組が回り番に観音堂のお世話をする取り決めもできている。

堂内には「無量寿」の扁額が掛けられてあった。また、アメリカの若者が近くの福祉施設に持参した金色の観音も、同じ堂内に納められている。先の草取りをしていた女性は、その若者からもらったネックレスも自分には似合わないので観音様に掛けていると、笑いながら話してくれた。

西山観音堂の近くには、養老年中（七一七～二四）に制圧した隼人の兵百人の亡霊を祀ったとされる、凶首塚《きょうしゅづか》古墳・百体社《ひゃくたいしゃ》などがある。道の傍らに鳥居が建ち、額には「百體殿」と書かれてある。

神殿の内に六角の柱があり、社官六人の姓名を記している。この社の神官六人は楽人であるという。百人の隼人の霊を慰めるために、時に雅楽を奏でたものであろうか。

実朝と時を同じく世に生れし西山観音黒きみほとけ　悦子

三番札所

山本村《やまもと》　鷹栖《たかす》観音

流れ行く岩井の水に影見れば西にたなびく山本の雲

▽宇佐市大字山本

一月四日午後八時過ぎ、月が鷹栖山に傾く頃、宇佐市無形民俗文化財・鷹栖観音の鬼会《おにえ》が開かれた。「勇壮に火と水の祭り」の見出しで新聞紙上に、松明《たいまつ》合戦をしている写真が載っていた。元日に降った雪がまだあたりに残っていた。

一月も終わる日に鷹栖観音へ出かけた。三光村から山中を宇佐市山本に入る。道を下り、宇佐ＩＣから右に国道387号を走ると、「鷹栖観音・鷹栖つり橋公園」の案内板があり、右に入るとすぐである。駅館《やっかん》川の向かいの観音堂は、上拝田にある観音寺の奥の院に当たる。僧法蓮《ほうれん》が興したとされる観音寺は禅宗で、今は住む人もいない。

四日の鬼会には、観音寺と観音堂でぜんざいや甘酒がふるまわれる。周辺は車であふれ、家々の庭も車で埋まった。

千二百年の歴史のある鬼会は、宇佐市上拝田・下拝田・山本地区、それに一般の人も加わり五十人が参加した。

上拝田の観音寺で、締め込み姿の小学生から六十歳位までの男衆の、その年の年男三人の内、一人は割れ木一把を荒縄で縛ったものを持ち、赤鬼青鬼の面を一人ずつが首に下げる。

観音寺で読経の後、松明を持ち赤鬼青鬼の面を先頭に川を渡り、奥の院の観音堂まで石段を駆け上がり参拝

上：懸崖造りの観音堂
右：観音堂へと続くサザンカの道

をする。

参拝を済ませた後、竹の大どんど（鬼火）に火をつける。燃え盛るどんどの前で、赤鬼青鬼に分かれて走りながら叩き合い、火花を散らし、その火の粉を浴びて観光客も五穀豊穣と無病息災を祈る。


また川を渡って観音寺へと戻っていく。

観音堂へかつがれていった割れ木は持ち帰り、それで御飯を炊いたという。

「上拝田の男は、一度は火祭りに参加し駅館川を渡ったものよ」と、吊橋の手前で公園の管理と売店をしている恵良隆子さんは話してくれた。

売店の奥にテーブルを置き、丸い石油ストーブには火が燃えている。地区の人が一人、二人とやって来る。

恵良さんのご主人も戻ってきて、ストーブの上にぎんなんを並べた。良い匂いがする。ぎんなんは恵良さん方のものという。熱いのを夫や妹の分までもらい受け、雪のちらつきだした戸外へ出て車に向かった。

一月十日には千日祭りがあり、その日にお参りすると千日分の御利益があるとされる。学業成就の知恵観音として信仰があり、たくさんの人が集まる。その日には地区の人の作った蟹汁《がんじる》が出る。

無住の観音寺の庭には、浅く掘られた円の中にどんどの跡が黒く残り、脇には松明用の長い竹を束にしたものが積まれてあった。観音寺の内部には、本尊阿弥陀如来（室町時代）と、菩薩阿弥陀像（江戸時代）が置かれる。

駅館川を挟んで，小道の途中にある拝石（左手），観音寺と和尚山［藤井撮影］

観音寺から駅館川へ下りていく右端に、平たい自然石がある。観音堂を前にした拝石で、そこから奥の院の観音様を拝んだ。

観音寺の背後に、こんもりとなだらかな和《か》尚山《しょうざん》がある。登山道の脇にも拝石があり、観音堂を見渡せる。和尚山は法蓮上人の修行した山といわれる。

また、川のそばの拝石のあたりには沈み橋があって、夏にはよく涼みに行ったと地区の婦人が話していた。広い川畔は風も水も心地よかったことだろう。しかし、沈み橋は大水によく流された。

対岸へ渡るには、数年前に橋が架かり、周辺は鷹栖つり橋公園として整備されている。

昨夏訪れた時、橋を渡っていると鷹栖山（百間岩）の上空を大きな鳥が一羽舞っていた。駅館川には鳥が多く、冬の渡り鳥の種類はことに多い。

大きな樟や雑木々で、あたりは鬱蒼《うっそう》として二体の仁王像が立つ。右手の観

上：観音堂入り口の仁王像
右上：観音寺内仏
右下：天井絵

音堂の案内板のそばには、三分咲きの梅の白い蕾が目を引く。

　石段を上ると観音堂で、岩窟の地形を利用して建てられた懸《けん》崖《がい》造りのお堂がある。内陣には、平安時代の古い木彫仏が三体安置されている。中の一体が観音仏である。

　和尚山で修行をした法蓮は、山上から月の入る鷹栖山を眺めて、観音堂、虚空蔵寺《こくうぞうじ》を開いていったのであろうか。


駅館川渡りて鷹栖観音の千日参りの列に並べり　悦子

三十三観音像［藤井撮影］

四番札所

清水村《しみず》　清水寺《せいすいじ》

枯木にも花咲寺を拝みなは罪はほとけて後は補陀落《ふだらく》

▽宇佐市清水四四三

国道10号を宇佐市四日市に入ってまもなく、交差点の右側に交通標識があり「宇佐市清水」と出ている。新しい広い道が清水寺のそば近くまで通っている。

平成十七年八月、通りがかりに一度立ち寄り、十九年三月二日、梅の花の盛りの時にお訪ねしている。宇佐寄りの旧道を入ったために道が分かりにくく、二、三度道を尋ねながら清水寺まで行き着いた。

鐘堂の木彫が美しい。境内を一巡、本堂前の大きな木犀、いちょう、ここでもつわぶきの鮮やかな黄が目立つ。

補陀落山《ほだらくさん》清水寺（曹洞宗〔元天台宗〕、住職・三十一世清水能隆）の縁起には、養老元（七一七）年、仁聞菩薩は清水湧くこの地に霊応《れいおう》を感じ、十一面千手千眼観世音菩薩を刻み本尊として安置された、とある。

秘仏である観音菩薩の御開帳は、一月十日、八月十日の年二回だけである。一八〇センチ位の大きな観音像で、室町時代のものだという。

室町時代の仏像には部位を組み合わせたものの多い中、清水寺の観音像は一木造りである。それだけに歴史を持つ寺院の地元の信仰も厚かったのではないか。観音堂の裏側には三十三

上：木彫が美しい鐘堂門
右：室町時代の観音像

観音石像が並ぶ。

安徳四（一一八〇）年には、平重盛による七堂伽藍の建立、寺田二町歩の寄進があった。

応永十一（一四〇四）年、それまで天台宗であったのが曹洞宗に替わり、現在に至っている。

戦国時代、豊後のキリシタン大名・大友宗麟から焼き討ちに遭う。その前夜、清水村の内尾清左エ門は夢でそのことを知り、驚いて観音像を運び出す。四百数十年前のことながら、今もって住職はそのことを恩に思い、内尾氏に感謝しておられる。

丁度、清水寺の下を散策している方にお話を伺うと、偶然にも内尾氏の子孫であった。

毎年、一月十日の観音講の日に、内尾という先祖を同じくする四、五人が清水寺に招かれる。正月の鏡餅を下げて作られるぜんざいがふるまわれ、「内尾ぜんざい」と呼ばれる。昔は羽織袴姿であったが、今では準礼装でお参りをする。
現在の寺の下の田からは、前寺跡の遺物が出てくるという。一つ一つの出土品は寺の倉庫に運び込まれ、農家の人が大事に祀っている。

住む人の心も清し山の井の水を便りに結ぶ庵は　源　長勝

寛文十（一六七〇）年、中津領主小笠原長勝《ながかつ》公の「清水寺詣での記」が遺っている。父長次《ながつぐ》公が清水寺の裏山と観音堂を寄進しているが、鷹狩の折に初めて清水寺を訪れた長勝公が、平重盛・木下宗連父子の墓に詣でた折の文である。『大宇佐郡史論』の著者である小野精一氏は、「文武の道に秀でた人であった。当寺にとって無二の秘宝を拝観した」と述べておられる。

幕末には旅の絵師・蓑虫山人《みのむしさんじん》が宇佐市の山口弘光氏の家に逗留、二冊の画帖が伝えられており、清水寺のものも二枚ある。一月十日、正月の鏡開きとともに三尊仏が掛けられ、寺のゆかりの品が公開される。その様子を自画像も入れて描いている。

岩かげ　まさしく水が湧いている　山頭火

上：年２回御開帳の観音堂
下：清水寺本堂

上：清水が湧くお乳滝
下：木下宗連・平重盛の墓

平成十八年四月十七日、山頭火の石像、句碑が建立された。山頭火は昭和四（一九二九）年十一月二十日、九州西国三十三観音霊場の三番札所となっている清水寺を参拝している。「しみじみ閑寂の気分にひたることが出来ました」と、師の井泉水に書き送る。

観音堂の下の苔むす岩場から水が湧き出ている。生命の源でもある水への信仰心は自ずと芽ばえてくるものがある。

つわぶきの黄のあかりもてみほとけの庭となりたり清水のみ寺　　悦子

五番札所

麻生《あそう》村　仙岩山《せんがんざん》観音堂

わけ登る道はあれとも罪深き人は尋ねん奥の堂なり

▽宇佐市大字麻生仙人三五二〇

宇佐市教育委員会より仙岩山の資料を頂き、文化課の佐藤良二郎氏が案内をして下さるという。氏は作業着に斧、鎌を携えている。

稲積山《いなづみやま》（形が鋤の先の方に似ているため、地元ではスキザキ山ともいう）を左に見て麻生《あそう》谷を上っていく。佐藤氏は、かつて国東にも〝信仰の道〟があったのではないか、と言われる。

仙岩山

仙岩山は麻生耶馬として国指定名勝耶馬渓に含まれている。

一度、院内《いんない》から麻生へ回ったことがあった。三光村から三和酒類株式会社のある山本を通り、鷹栖つり橋公園を右に見て院内へ上る。登りきった所の右に一軒家がある。丁度その前が鹿嵐山《かならせやま》の登山口である。すぐ上に仙岩山への道もあるという。仙岩山の四角い岩の上からは、中津や今津あたりがよく見えるらしい。

鹿嵐山の登山口を左に見て車を走らせると、突然右手前に奇岩・奇勝の風景が現れる。驚いてしばらく見入ってしまった。

仙岩山へは上麻生仙人から入る。一番奥の家の平岡マチ子さんは丁度畑仕事を終えたところで、前庭には色々の花が植えられている。納屋の向こうに牛岳という、

石鳥居と仁王像

牛が寝そべったような山がある。

平岡さんの家の横を少しばかり登ると、車が数台止められる場所に出る。ふと見ると、半開きのうば百合が一本、横を向いて咲いている。

登り口の左手に仙岩山の説明書きがあり、元禄二（一六八九）年の石の鳥居が建つ。額束《がくづか》は落下しているが上部には「仙岩山」とあり、下部に「八幡大神・稲荷権現・観世菩薩・文殊大士・妙見薩埵《さった》」と刻されている。

数メートルも登ると仁王が立ち、その間を進む。遠くからは、仁王の片方ずつ挙げた拳が人を招き寄せているようにも見える。私と友人はズック靴だったが、斧と鎌を腰にした佐藤氏は長靴に履き替えている。

やっと一人が通れるだけの道に竹が生えているのを、斧で伐っていく。著莪《しゃが》がやたら多く、茅も繁る。佐藤氏が指差す方を見ると流れの跡があり、禊《みそぎ》をした所であろうか。道のすぐ脇にも大きな石を穿《うが》ったものが据る。手や口を漱《すす》いだ所であろう。周りを囲むように著莪が繁り、水引き草が一本、赤い筋を引いている。

登り路には竹似草《たけにぐさ》が多く、びらびらした実をつけている。花も葉も面白いので私は好きだが、湿布剤や害虫駆除に使われ有毒であるという。

観音堂へは十五分位で着く。地元の方々の植えた桜やもみじが観音堂を包みこむように繁り、もみじの赤く色づいたものもある。邪気を払うとされる桃も、小さな実を数個つけている。

観音堂の前の左右に突き出たような所に、胴と台ばかりになって灯籠が遺る。落雷で焼失した後、明治十（一八七七）年に建立された観音堂には、中央に観音菩薩、その両脇に不動尊と多聞天であろうか木造仏が安置

上／左：観音堂と堂内の観音仏

されている。地元の仏師の彫られたものか、大人の丈ほどの素朴で親しみ深いお姿に彩色がされている。

やはり、山奥といえども明治維新の廃仏毀釈はまぬがれず、衆生を済《すく》うべき観音も、その観音を守るべき脇仏の三像ともに腕がない。武装した脇仏も、岩肌の荒々しさの前に身を立たせている。

平岡さんの話によると、昔干魃《かんばつ》の折、宝陀寺（曹洞宗）の若い僧が仙人村の人々とともに後ろ向きに観音像を降ろし、淵に浸して雨乞いの祭をしたという。

宝陀寺

また、「麻生村禅源寺年代記録」によると、干魃の度ごとに村々から千人汐汲《しおくみ》と称し、たびたび参詣している。

豊前三十三観音札所の大方は法蓮上人ゆかりの地であるが、ここでは七世紀中頃インドから渡来した法道《ほうどう》仙人がこの山に立ち寄られ、聖観音、不動、毘沙門天を安置したと伝えられている。

また、大治元（一一二六）年、求菩提山中興の祖である、宇佐郡出身の頼厳《らいげん》上人が、この地で千日行を行ったとされている。たくさんの岩山は、修験者にとって修行に励む格好の霊場であったと思われる。

他の岩山の洞窟にも奈良時代の塑像が残されていたという。

山あじさい、藪みょうが、宝鐸草《ほうちゃくそう》、だいこん草、きんみずひきなどに目を楽しませ、観音堂を後にした。

盆前の平岡家の墓地には、長男夫妻と一緒に清掃をするアヤ子さんの姿があった。古木綿を裂いてしっかり縒《よ》り、その先に火を着けて蚊遣りとして腰に下げていた。

たけにぐさ、うばゆり、あじさい、やぶみょうが上りて仙の岩屋に着けり　悦子

六番札所

温見《ぬくみ》村　西《にし》椎《し》屋《や》の滝

水と成り草木と成るも観音の大慈大悲お誓ひ成けり

▽宇佐市院内町西椎屋

宇佐市院内の道の駅は〝石橋ステーション〟として知られているが、駅内では大きな水槽にオオサンショウウオも見られる。つぶらな瞳の生きた化石は、院内の手つかずの自然の渓谷を生き延びてきたことを知らせる。恵良《えら》川に沿った国道387号を玖珠町の方へと向かう。右に院内支所、文化ホール、小学校などを見てひたすら行くと、やがて温見地区へ入る。荒尾家の柱サボテンの案内も右手山側に出ている。

温見を過ぎるとまもなく西椎屋に着く。地元の人たちが「秋葉《あきば》さま」と呼ぶ、直角三角形のような山が見えてくると、はるか遠く近くに霧の立ちのぼるのが見える。いかにも深山幽谷へ来たと感じる。その霧の立ちのぼるあたりが、滝水の落ちる所と思われる。

その秋葉さまを大きくぐるっと回りこむと、玖珠町に入る。日出生《ひじゅう》ダム、西

上：秋葉さま［藤井撮影］
下：西椎屋の滝［宇佐市提供］

上：西椎屋公民館（大龍寺址）
下：大龍寺の御仏（西椎屋公民館）

椎屋の滝入り口の標示を左に入ると、すぐに駐車場に着く。車を止め、滝見台まで下りてゆく途中には、どんぐりの実がたくさん落ちている。

西椎屋の滝は平成二年に「日本の滝百選」に選ばれている。幅六メートル、落差八三メートル、滝壺一五〇〇平方メートル、水量も豊富で豪快である。西椎屋の滝には小さい滝も入れて三つの滝がある。

滝見台のそばには、昭和六十二年に置かれた「幸せ観音」がある。言い伝えでは、この滝壺に棲む大蛇が悪さをするので、時の国司が社を建てて龍神を祀ったという。

387号を少し後に戻り、西椎屋の村へ下りていく。下りきってすぐ右の小高い所に椎屋神社があり、神社右手を細い流れが駆け下る。境内の左奥には、樹齢一二〇〇年という大きな銀杏の樹がある。高さ三〇メートル、市の天然記念物でシンボルでもある。『豊前志』にも「珍らかなる大樹あり」という記述がある。境内には、高さ二〇メートルのケンポナシの木もある。神殿も古い。

国道を走っていると西椎屋の村があるとも見えないのだが、狭い道を入っていくと今しも一軒の家の改築工事がなされている。日出生台が近いための防音工事である。すぐ左に小高く公民館がある。

その近くの加来太《かくふとし》さんが、公民館の鍵を借りてきて下さる。公民館は大正十五（一九二六）年四月、火事により焼失した大龍寺の跡にある。裏側には椋《むく》の樹、椿の自然林がある。当時、椋の木はまだ小さく、ありし日の大龍寺と住職が写っている写真を公民館に掲げてある。村の大方はその時の火事で焼けてしまった。

『院内町誌』に「西椎屋の大龍寺は地区公民館になっているが、西国八十八カ所の一寺で、西椎屋の滝観音を祀り、雨乞い祈願者の宿泊所にもなっていて、祈願の人々によって夜は踊りもなされていたという」と記されている。狭い敷地の一角に鐘堂が建ち、安永三（一七七四）年銘の梵鐘が下がる。この鐘も数奇の運命を辿ったのちに戻ってきた。大戦中、軍需物資として出さるべく梵鐘は馬車で恵良まで運び出され、トラックで二日市の日出生鉄道の駅まで来て、軽便で豊前善光寺の駅に着く。そこから日豊線に乗り、戸畑駅に着いたところで終戦。そのまま放置されていたのを、芦屋町の寺の門徒さんに拾われたのである。

　しかし、借り物という思いがやはり寺にあり、寺の何かの御縁の時に集まった浄財で梵鐘を新しくした。大龍寺の鐘は芦屋の資料館に納められるところを、安心院《あじむ》の画家が見て地元に連絡をしてきた。昭和六十三年、新しくなった鐘堂に納まり、四十年ぶりの懐かしい音色は西椎屋の谷に温かく響き渡った。

大龍寺の鐘堂（安永三年銘の梵鐘）

　すぐそばの秋葉さまの頂上には、火難除けの石祠が祀られる。

　昔、西椎屋の若者たちは、滝を望む所にあった大きな拝石《おがみいし》の上に乗り、夏の暑い時には滝の飛沫で涼み、寒い冬には眉毛が凍りついたと話す。それで冬は、拝石にはあまり上らなかったという。

　『遠帆楼詩鈔』（恒遠醒窓《つねとおせいそう》著）の中にも拝石が出てくる。拝石は、日出生ダムができる時に滝壺へ落とされた。滝から五〇メートルばかりの所に石仏が祀られてあったが、今はもう見えないとも話す。


雨乞いに寄り来て踊り明かせしと西椎屋に古き寺跡どころ　悦子

七番札所

東谷村《ひがしたにむら》　岩屋寺《いわやでら》（龍谷堂《りゅうこくどう》）

仮の世に仮の憂世とおもはずば岩屋の花の枝は折らまし

▽中津市本耶馬渓町東谷

本尊は聖観音、耶馬渓弘法札所、第六十九番霊場。

一年中、慌しく毎日を過ごしていると、三十三観音の札所を訪ねるのにも、いつも何か心急いでいる。本耶馬渓町東谷の岩屋寺はもうないと聞いていたが、取りあえず現地に行ってみなければと、いよいよになって動き始める。

しかし、現地へ行ってみると、札所の多くは深い自然に囲まれた場所である。地区の人たちの崇拝を受けて数百年、あるいは一千年を超えてそこに静かに在《おわ》す仏たち。また、仏とともにその地に生《お》うる大樹、互いに守り守られ存《なが》らえてきた、仏と樹と大地と。時空を超えて流れていく、それぞれの魂の一千年。

幕末から明治維新、または太平洋戦争前後と、時代や社会の変化著しい時にも、それを受け止めていくその地に住む人々があり、その人々の心にも古樹に似たものが宿るのであろうか。この温かさに雑木々は一斉に芽吹き、若葉を繁らせる。木の花も野の花も今を盛りと咲き競い、蜂や蝶、小鳥を誘う。

落ち着いた天気の耶馬路を行けば、山際の緑の中に濃く薄く藤の紫が見える。遠く近くに見つけては飽きることがない。明るい陽ざしの中に浮かぶそれらは、四月八日の、あるいは一月遅れの五月八日に催される「釈迦誕生日」や、宗祖親鸞の御縁を祝し、日頃忘れかけている宗教心を呼び覚ます。

毎年五月八日には、中津市本耶馬渓町東谷岩屋の、聖観音を安置してある龍谷堂の堂内は、地区の人たちの手で季節の花が飾られ、「花祭り」の会場となる。

東谷へは、中津から洞門、羅漢寺を通り過ぎて上ると、西谷温泉への標示がある。そこを右に見て直進し、院内への道を行く。東谷へ入ると、途中の家々に車を止め、道を聞きながら行く。知らない土地へ行くと、普段暮らしている自分の物差しでは測りにくく、谷を上り下りして距離の感覚がずれてしまう。

上：谷あいにある龍谷堂
左：堂内の聖観音像

東谷岩屋の、院内へ通じる道の右手の龍谷淵を渡ると、お堂が建っている。太い二本の杉が、わずかに往時を偲ばせる。その杉の根元に、小さな古い墓が数基ある。土地の人に聞くと、昔は寺が建っていたという。お堂の横に畑があり、野菜が植えられている。畑のめぐりを囲う二本の紐は猪除けかも知れない。

観音堂には立像の聖観音像が祀られてある。湯の入ったポットと湯呑みが用意され、花立てには季節の花がふんだんに盛られている。四つの地区の人たちが交代で管理をするらしい。

丁度咲き始めたばかりのつつじに、黒くて丸っこい蜂が来ている。色の淡いとんぼが数匹、お堂を巡るように飛ぶ。すぐ裏手の山の土手には、山うどの芽や、ぜんまいの穂のほどけかけたものが見える。

また龍谷堂は、羅漢寺にある弘法寺さん

上：秋色の中の観音堂
右：龍谷堂の対岸には六社神社，権現社がある

が年に数回、信者の人たちと巡る、耶馬渓弘法札所の第六十九番霊場になっている。

そのお堂の対岸に、高い岩が二つそそり立つ。現在そこには六社《ろくしゃ》神社、権現社があり、かなり登ると御殿《ごてん》があるが、中には何も残っていないという。以前は龍谷寺の奥の院があったといわれているので、やはりそこに観音像が祀られていたに違いない。

以前、岩下で煙草屋をしていた小野みよ子さんや他の方たちの勧めでお話を聞くことになった、岩屋の角野《かくの》藤幸さんは龍谷堂のお世話をしている。少し高台にある角野さん宅は、裏山に植えられたもみじや、つつじ、八重桜の花などで美しい。

角野さんの伝え聞いた話によると、昔、村の人が宇佐神宮から御神体を戴き、背に負うて帰る途中、岩屋の前で一休みし、立とうとしたら急に背中が軽くなっている。それでそこに社を建て、御神体を祀ることになった。神輿も宇佐神宮からの払い下げで、それは重いものだという。

ときが流れる　わたしが私とむきあっている　静けさ　　林　秋翠

（『つぶやきいま生きている』）

春たけて祈りの谷をゆきゆけばさみどり直《す》ぐき山うどの生《お》う　　悦子

八番札所

耶馬渓　巌洞山《がんどうざん》（久福寺《きゅうふくじ》）

往かよふ難波の事に至まて皆観音の大悲成けり

▽中津市本耶馬渓平田三九

中津の書店で『写真集・郷愁のローカル鉄道　耶馬渓線』（清原芳治編、大分合同新聞社）を購った。その写真集に鴛海《おしのうみ》国陽作詞の「耶馬渓鉄道唱歌」が載っている。その内、一、一四、一五を紹介しよう。

一、頼山陽の筆により　天下に名高き耶馬渓の　奇景奇勝探らんと　今ぞ降り立つ中津駅
一四、千筋の滝の蕨野《わらびの》に　三日月神社の杜蔭や　賢女が嶽の岸壁は　河の彼方に唯一目
一五、見よや此方の冠石《かんむりいわ》　名にちなみたる冠石野《かぶしの》の駅を過ぐれば巌洞山　麓に刀自売《とじめ》の久福寺

本耶馬渓町平田の久福寺は曹洞宗で、現在は四十八世住職の塩井昌弘氏である。

霊亀二（七一六）年、仁聞菩薩が彫刻されたという聖観世音像は、巌洞山補陀窟《ほだら》（観音堂・呼猿窟《こえんくつ》）に奉じられている。

高さ三尺八寸の聖観音の木像仏は、専門家の鑑定によると大日如来であるという。かなり年経た像の、物静かなたたずまいは、救いを求めて訪ねくる庶民の目には、やさしい観音の姿に見えたことであろう。

平安時代前期、下毛郡擬大領《ぎのたいりょう》（郡長）として、勝宮守《まさのみやもり》とその妻子刀自売《ことじめ》が蕨野に住み、久福寺の開基として天長四（八二七）年、寺を創建した。

上：久福寺観音堂（呼猿窟）
右：円通洞，勝宮守と子刀自売の墓

境内の円通洞《えんつうどう》には勝宮守と子刀自売の墓が残り、町の有形文化財となっている。賢女で名高い子刀自売の遺品、鍬《やのね》や鏡（円鏡）が保存されている。

耶馬渓鉄道の路線は、そのまま現在はサイクリングロードとして使われている。洞門、羅漢寺、冠石野と進み、次が耶馬渓平田駅であるが、すぐ右手奥の補陀落岩の元に久福寺の本堂、庫裏《くり》がある。

門前右手のそそり立つ岩の上には、室町時代末期と推定される宝塔が立っている。総高一五〇センチの美しく整った宝塔は、市の有形文化財となっている。

前住職成憲氏も、戦後復員して帰寺すると役場に奉職した。丁度農地解放の折、その任に当たり寺が持っている田も多く手放した。

巖洞山は、国道212号から眺めると自然観音の相をしているので、補陀落岩ともいい奇勝であるが、観音堂は樹木が繁り見えにくかった。国道や耶馬渓線からも観音堂が見えるように、枝を落とすよう鉄道の関係者から言われたが、住職も忙しくてそのまま放っておいた。しかし、平成三年の台風の折、樹木が倒れたので、観音堂の美しい姿が見えるようになった。その代わり、倒れた樹木の跡片付けが大変だったという。

先の写真集によると、昭和十（一九三五）年十一月、耶馬渓鉄道がガソリンカー三両を導入した際、観光案内にガイドを登用したことがあり、女性ガイドの車両は人気となり満員になったという。東宝映画からガイドのスカウトにやって来たこともあった、と記す。

上：境内の石塔群
下：聖観音として祀られる大日如来

大正十五（一九二六）年四月十三日、石炭を焚いていた列車の煤煙から平田駅近くの藁屋根の民家に火が移り、烈風にあおられて数軒が全焼、久福寺の本堂、庫裏、観音堂まで残らず焼き尽くした。しかし、村人に助け出された観音仏のみは無事であった。四十六世住職の折であったが、名刹《めいさつ》のため県知事の許可を受けて、全村挙げて寄付金集めに協力し、復興することができたのである。

大正十五年十一月、本堂庫裏を再建、昭和五年二月二十三日、寺のすぐ麓の縁森次郎氏の寄進により、白檀木彫刻の釈迦如来像を曽木《そぎ》より奉迎。

この時、五色の善《ぜん》の綱《つな》五十三反をつけ、約一三〇〇人の善男善女に曳かれて久福寺の本堂へ入られた。

昭和六年九月には観音堂が再建され、観音堂の干支の天井画は、絵師が一カ月滞在して描き、観音仏も安置された。

久福寺には金冠黄金像の由来として、子刀自売にまつわる話が遺っている。


子刀自売は一二歳で宮仕えに出ていたが、一五歳で帰郷する時、金冠を給わり持ち帰り、勝宮守と結婚する。その金冠を冠石野の冠石の側に納めた。

また、ある時曾木村の者が冠石の辺で蕨の根を掘っていると、一寸余りの黄金仏像を掘り出した。その仏像を、毛蕨大明神として曾木村の氏神とした。

（『耶馬溪町史』）


曾木の毛蕨神社にも勝宮守夫妻の霊を合祀している。

子刀自売が四八歳で病死直前、里長に託した守護神、黄金の神像と一対の鏡、書附けがある。神像は、雨乞いにきわめて霊験あらたかと云われている。

（『本耶馬渓町史』）


平成二十六年四月より、住職は太田氏となる。

猪《しし》除けの網をめぐらせ里いもを植えたる耶馬渓久福寺の道　悦子

九番札所

原井《はらい》村　岩屋堂《いわやどう》（堂の山の観音堂）

衆生《もろびと》の罪を祓いの瀧津瀬《たきつせ》に流す誓は観音の慈悲

▽築上郡上毛町原井

平成十五年八月十六日、数十年ぶりに故里の観音堂まで出かけた。

小さな集落の後ろの小高い堂の山の観音堂（岩屋堂）では、一年のうち一月十七日と八月十七日に祭事がある。明くる日の祭事に参加するという義姉が、観音様へのお花を用意して案内してくれた。

五十年前、私が子供の頃は、堂の山の観音堂めざして登る老若男女の行列ができていた。今とは違い戦後の人口の多い時、三々五々楽しげに嬉しげに、家族総出の村の行事の一つとしての観音様参りはまた、お接待が楽しみの一つでもあった。八月十七日の夜は観音様の盆踊りがあり、若い男女は扮装をし、青年は女物の着物を着、女性は男物の浴衣を着て、頭には被りものをして踊り賑わった。

苔に覆われた参道

堂の山へは、昔はもちろん歩いたが、今では山の入り口まで車で行ける。登り始めてあらためて、よくこんな道を登ってお参りしたものだと感心した。山田の左側の小道には、薄紫のしそ科の花や、だいこん草の黄色い花が咲いている。

山田がずっと狭くなってくると、植林された杉や檜の若木がある。山からの湧水が田に流れこみ、ズックを少し濡らしながら畦を渡り、山道を右に進んでゆくと左に細い谷川が流れてい

原井観音堂と脇堂

る。

少し行くと、清めの御手洗場があり、岩のそばには藪みょうがの白い花がぽつんぽつんと伸び出ている。いよいよ岩屋堂へ上る石段には、欠けた段を覆うように苔と低い草花がある。両脇は深い木々と竹林とで薄暗く、登りつめた両側の大きな杉の樹の間から観音堂が現れる。

岩洞窟を利用して建てられた原井岩屋堂には、「大乗妙典納経塔」に行者七左衛門と垂水《たるみ》村里《り》んの「納経帳」が納められていた。

聖観音・観音菩薩六体が、本堂・脇堂に祀られる。山火事の災難に遭ったり、虫喰いで傷みの激しい観音様は、この世のきびしい風を受けて、村里離れた山の中のお堂で、小さな里の成りゆきを見つめているに違いない。平安後期の作といわれる観音仏も、ここ堂の山に一千年の時を刻みつつ在《おわ》すと思えば、体が震えるような思いがしてくる。

横に広がる窟内には閻魔《えんま》十王像、道祖《どうそ》神、庚申《こうしん》像などが安置されている。

窟内の諸仏

観音象（焼仏）

「奉加帳」に記されている「岩屋堂略縁起」によると、四十四代の元正天皇養老四（七二〇）年、この岩屋が光るのを不思議に思った里人が、山を伝い登ってみると、一人の僧が岩屋に向かってしきりに拝んでいる。十七日間籠もっていた僧の満願の日に、正信の観世音が現れる。そのお告げによって、名のある仏師に六観音を建立してもらう、とある。

また、地元の城《じょう》家には次の史料が残る（現代語訳）。

本堂は多くの人の協力によって宝暦年中（一七五一～六四）に建立されたが、拝堂・通夜堂（籠堂）がなく難儀しているので、此の際拝所・籠堂を建立する大願をたてたので、どうか多少にかかわらず御寄付を御願い致します。

安永四（一七七五）年十一月

原井村　岩水庵・円岩庵

西国のおふだ納めし垂水村りん女も歩きし杣《そま》みちほそし　悦子

十番札所

秫村《まくさ》　長谷寺《はせでら》

後の世を頼むはつ瀬の観世音貴き賤しき隔あらまし

▽中津市三光西秫長谷

八面山の中腹，長谷寺への参道。右手上が寺［藤井撮影］

通称「長谷《はせ》観音」と呼ばれる大久山《だいきゅうざん》長谷寺の本尊は十一面観世音菩薩で、宗派は高野山真言宗、開基は三界上人である。

長谷寺のある西秫《にしまくさ》長谷は、秫小学校のそばから西秫川に沿って上ると、八面山《はちめんざん》の北東中腹の静かな山中にある。西秫川を上りきった所の左手に駐車場があり、その右手の寺への上り口に、荒削りの高い石柱が二本建つ。「西国二番札所」と彫ってある。「佛の里　へんろ道」という標示とともに、寺の周囲には句柱が多い。台風で倒れた木材を利用しているのである。絵標示の大きな案内板が建つ。

ここへは春の祭典の折に出かけた。年に一度の観音仏の御開帳の日でもある平成十六年四月二十日は、爽やかな晴天であった。明るい四月の陽の下で「大祭」と朱書きされた用紙が貼られてある。

境内林は若緑に盛り上がり、寺庭の花ずおうの木には、濃い桃色の花が陽に輝いている。祭典の行われる本堂・大悲殿には、五色の幕が張られ、信者や地元の方々が集まってきている。

受付には地元のお世話役である松久《まつひさ》さん、南金山《なんきんざん》さんが坐る。白い揃いの法被を着た長谷の男衆の背には「長谷観音」の藍の字が浮き上がる。

　祭典は十一時から始まるという。少し時間があるので、白山権現社と奥の院へと向かう。寺庭の梛《なぎ》の樹には紅白の綱が張られていて、その下には不動尊が置かれる。

　長谷寺の境内林は県指定の天然記念物であり、いちいがし林、大杉などで鬱蒼としている。林の小道に入りすぐ左に、長谷寺の鎮守社として、伊邪那岐命《いざなぎのみこと》、伊邪那美命《いざなみのみこと》の二柱を祀る白山神社がある。明治五（一八七二）年に村社となった白山神社に、明治十八年に恵比須神社（事代主命《ことしろぬしのみこと》）を合祀している。境内社には稲荷神社（受母知命《うけもちのみこと》）と伊勢宮（天照大御神《あまてらすおおみかみ》）の二社があり、鳥居や石灯籠が伝えられる。

上：長谷寺本堂・大悲殿
下：春の祭典（４月20日）

　白山神社の回廊では、長谷の婦人たち六名が御接待をしていた。三幅の屏風の中央に、後背と白衣の胸元に太陽を置き、右手に杖を持つ天照大御神の大きな立ち姿と、左幅には「天照大神」と書かれた鳥居と、地に遊ぶ雌雄の鶏、右幅には大きく豊かな波と太陽を描いている。屏風の前に石像の恵比須像が坐り、生花や果物、菓子などが供えられている。

　白山神社を出て石段を登りつめると、

上：懸造りの奥の院（観音堂）
右：観音堂内

岩窟に懸造《かけづく》りの奥の院がある。本尊の樟一本造りの十一面観音菩薩坐像、毘沙門天像、不動明王像の三体が安置されている。

中津城主小笠原公の家紋入りの、紺色の幕を張った祭壇に、その三体が安置される。

長谷川の流れも絶えぬ岸波《きしなみ》の
秋の夜長く澄める月かな　（西国二番札所）

長谷寺は九州西国霊場めぐりの二番札所でもある。

寺伝によると、長谷寺は奥の院の岩窟から始まった。孝元天皇の二十二年に、この地に初めて神を祀る。のち、慶雲元（七〇四）年の秋、仁聞がこの地を訪れていたある夜、老翁が現れて「我は白山権現なり。汝を待つこと久し」と述べ、十一面観音の像を

美しく着飾った六地蔵

彫って安置せよ、と告げた。仁聞は早速、一刀三礼《いっとうさんらい》をもって観音像とともに脇士の不動明王、毘沙門天を彫って納めた。これが現在の本尊だという。

その後、神亀四（七二七）年の春、三界上人が修行に訪れた際、白山権現の霊告を受けて堂を建立、寺を開いた。三界上人は晩年、この窟で入定留身《にゅうじょうるしん》し、日本で最初の生き仏となったといわれる。寺に上る途中の左に、南北朝時代のものと思われる供養三重塔が建つ。上人の願いにより桜樹が植えられ、それは美事であったが、年月が経ち今では大楠《たぶ》の樹が枝を張る。

戦国時代末期に寺はことごとく焼かれたが、歴代の国主の御祈念所となって、盛衰を繰り返した。細川忠利公の北の政所はよくお参りをされ、玉のような男の子を授かり、元和五（一六一九）年四月吉日、金堂一宇御寄進あらせられた、と文書は伝える。

西暦二〇〇〇年時、九州西国札所めぐりを祈念して、瀬戸内寂聴さんらがバス二台で訪れたそうである。

祭典開始の十一時近くになり、本堂へ引き返す。正面の台上には、白い紙をバックに銅造観音菩薩立像（飛鳥仏）の、くっきりと美しい姿が浮かび上がる。

九州最古の飛鳥仏で、国の重要有形文化財の銅造観音菩薩立像は、全長三九・四センチ、重さ七・五キログラムある。温雅な面輪《おもわ》の中に、かすかな微笑をたたえている。台座の部分に三十五字が刻まれる。

護摩壇の前の住職木梨《きなし》恵真師は、信者の願いの籠った護摩木を焚きながら経をあげる。火勢が徐々に強くなると、経をあげる師の声も高くなり、信者も共に声を合わせる。

周防国汝背児《すおうのくになせこ》が飛鳥観音仏護摩壇の火のゆらぎてのぼる　悦子

十一番札所

上毛《こうげ》　緒方《おがた》観音堂／岩木山《いわきやま》観音堂

武士《もののふ》の心にまかすあづさ弓念彼《ねんぴ》観音の力なりけり

▽築上郡上毛町西吉富緒方二四四
▽築上郡上毛町宇野岩木山

平成十七年十月十一日、築上郡大平村と新吉富村が合併して上毛《こうげ》町となった。

緒方観音堂は旧新吉富村緒方字寺畑にある。豊前市（鬼木《おんのき》）と佐井川を挟んだ吉富平野の南西部に、宇都宮氏の家臣緒方帯刀・同刑部などが居住した緒方城趾も近くにある。

江戸時代から明治二十二（一八八九）年まで、緒方村と呼ばれていた。明治に入って修験道が廃止されるまでは、旧太平村の松尾山《まつのおさん》医王寺《いおうじ》（天台宗）十三末寺の一、第八松音山（青松山）林応寺《りんのうじ》として、松尾山の下ノ坊が開いた、とある。その跡地に今は緒方観音堂として、千手観音の替わりとしての木造八ツ手観音が祀られる。

昔は聖観音が祀られていたそうだ。八ツ手観音坐像は総高六〇センチ、仏高四八センチ。近年、塗り直されたといわれる色浅黒い観音は、修験者の拝む観音らしく、少しいかめしい。

堂内には、いつの頃持ち込まれたものか、古い石仏や木像が観音仏を囲むように置かれている。

境内入り口の両脇には桜木があり、椿やつつじ、樫の木などがある。十二月半ばに訪れた時には、樫の木のめぐりに夥しいどんぐりの実が落ちていて、掃いて焚いた跡にも焼け残った実がころがる。毎年毎年落ちるたくさんのどんぐりは、食料としても用いられたようである。

案内をして下さった観音堂近くの末吉さんは、「昔から〝守り観音さん〟として地区の人たちに大事にされ、『観音さんがあるき、ここは大事にならん』と言われてきた」と話す。

地区の人たちが四班に分かれて月々のお世話をする。田んぼの忙しい六月、十一月には、老人会の方々が替わって下さる。

春、四月十八日、昭憲坊（南龍院光明寺）様が観音様のお詣りを引き受けて、お経があげられる。以前はジュースや菓子などあげられていたが、今では漬物とお茶だけと決めている。

八月十七日には盆踊りがある。その年に亡くなった人たちの追悼のためである。観音様の行事には必ず雨が降るとされ、〝恵みの雨〟と昔から言い伝えられてきた。

上：松尾山医王寺の末寺・第八松音山林応寺跡に建つ緒方観音堂
下：八ツ手観音像

以前、近くの村の方の熱心なお詣りがあり、今ではその子供さんが引き継いでお礼まいりに訪れるという。

昔も今も変わりなく、庶民にとって身近な神仏は、普段は何気なくしていても、ふとした時に心の拠り所となっているのである。

末吉さんの話では、今現在奥の方にある観音堂は以前、すぐ道の脇にあり、そばに大きな松が植わっていたという。観音堂は家引《いえひ》きさんが奥に引いて移した。大きな松の樹も何段にも分けて伐り倒された。電動鋸《のこ》のない時代、大鋸で引いては木の上で休み、また鋸で引いていく。

松の根株は元の所に今でも残っている。株元の幹の一部は磨かれて、観音堂内に置かれてある。干支の猪に似ている、と私は思った。

丁度、観音堂の左前方に矢方《やかた》池が見える。数年前、尻高《しだか》トンネルに通じる広域農道が出来上がり、池土手の中ほどを白いフェンスの横切るのが目に映る。

その矢方池への上り口にも、松尾山十三末寺の一、第九永正山源正寺跡（矢方字寺山）がある。本尊は毘沙門天である。今では矢方公民館が建ち、毘沙門天は小堂に納まる。

「松尾山略縁起」には、「神亀五年（七二八）宝蓮行者上足能行《のうぎょう》法師笈《おい》ヲ掛来リテ大松樹下息タリ霊妙不思議ニシテ一ノ琉璃玉得玉フ……」と出てくる。

英彦山で修行し、医術にも精しい法蓮の高弟能行が、松尾山の大松の下で「琉璃壺」を得、その中の薬で病者を悉《ことごと》く治したので、たくさんの人が集まってきた、と書かれてある。従来の山岳信仰と渡来の仏教、加えて医術にも長けていた豊前の修行者たちの姿が浮かびあがってくる。

吉野成る山のあなたの里もがな身のうきときのかくれかにせん
武士《もののふ》の岩城をくだく御手《みて》の原永き浮世をすみはてぬ身を
（岩木観音御詠歌）
（小野精一著『続大宇佐郡史論』）

上毛町宇野の岩木山に観音堂があり、緒方観音堂とともに記されている場合もある。松尾山医王寺の山峰宿付で、六番宿となっている。古い様式の彫刻の石像が祀られる。こぢんまりした丘の上は平らになっており、四方がよく見渡せる。観音堂の横には大神宮が祀られている。中世以降のものという。

上：松尾山医王寺六番宿・観音堂
左：大神宮が祀られる岩木山

四月十六日には観音講、八月十七日には午後一時、能満寺の僧を招いての供養があり、子供相撲奉納、盆踊りなどが行われる。

山の一部は墓所となり、赤穂義士の一人、磯貝十郎左衛門の碑が平成十五年に建てられた。宇野の磯貝家から真っすぐ岩木山への道がある。

ピシッ、ピシッと鋭い鳥の声がする。見ると、雀より少しばかり大きい。渡り鳥のようだ。櫟《くぬぎ》のどんぐり、小さな松ぼっくりが通り道に落ちている。あきのきりんそうが忘れられたように咲いていた。

江戸時代、宇野村には花木や盆栽を職業にする人々が居て、中津の殿様も寄ってこられたという。

木の間射す一月の陽の境内に
満ちいて静か緒方観音堂　　悦子

十二番札所

挾間村《はざま》　泉水寺《せんすいじ》

▽豊前市大字挾間一九九五

歴劫《れきごう》の不思議に浅るる旅人の行衛《ゆくえ》の果は哀れ成りけり

一月十七日、小雨の中を黒土《くろつち》（鬼木）経由 轟《とどろき》行きバス「ふれあい号」（豊前市バス）に乗る。約十分程で横武挾間に着く。明照寺の白壁に沿い少し歩くと、左へ「乳の観音」への新しい道が通っている。

雨上がりの山のあちらこちらから、霧が湧き立ちのぼる。暖かいのだ。低い山々の連なりが、霧湧く中に一つ一つの峰をぼんやり浮き立たせている。

佐井川に架かる観音橋を渡って境内に入る。

豊前市挾間にある岩屋山《いわやさん》泉水寺は、上毛町・松尾山医王寺の十三末寺のうち第十二番で、松尾山の中尾坊輪応院が開いた、と「中ノ旧記」にある。本尊に千手観音立像（国指定重要有形文化財）と不動明王（市指定有形文化財）の二尊を戴く。

毎月十七日に参詣者のため観音堂の扉を開けるのは、地元の保存会の方で、御仏飯《おぶっぱん》を上げお世話をしている。近くに住む八十二歳の山口さんが若い頃、体を壊した折、観音堂に泊まっていたおばあさんの修験者から、一升三合三勺の米の用意をするよう言われ、御幣を建て盛り塩をしてお祈りをしてくれた。それ以来、徐々に体調は良くなり、五十数年、毎朝のお参りを欠かさない。

大きな銀杏樹が観音堂の両側に立ち、大杉が並ぶ。その奥の巌《いわお》の両側からは、乳が垂れるように水が滴り落ちる。雨の多い年も少ない年も、水量は変わらない。

昭和六十（一九八五）年三月、市の指定天然記念物となり、挾間地区の故楠原定石《もとい》氏が代表で巌の内の清掃を始め、公園内の草刈りに七十人余りが無料奉仕する。

その乳の観音の水を、ペットボトルやプラスチックの容器に汲んで帰る人々がいる。容器に水を貯める間、熱心に観音堂を巡る人もいる。

三月十七日、再び泉水寺を訪れた。一月、二月と暖かい日が続き、三月に入って花の便りも聞かれる頃になった。

楠原氏の案内でたまたま訪ねたその日も、観音様の日であった。

泉水寺跡境内。奥が観音堂

巌から滴る水のため、手前手前へと移した観音堂であったが、今では立派な収蔵庫の中で、明治以来二度の大修理を経た厳かな姿が納まる。

平安時代後期の作といわれる千手観音像は、樟の一木造りで、高さ二・一一メートル。明治三十三（一九〇〇）年に国宝の指定を受けたが、昭和二十五年、新たに制定された文化財保護法では、国の重要有形文化財となった。

像は傷みがひどく、その一回目の大修理をしたのは大正四（一九一五）年、鹿児島出身の新納《にいろ》忠之介氏であった。京都の

千手観音像

日本美術院の彫刻主任で、廃仏毀釈によって破損した仏像の修復を手がけていて、千手観音像も鼻や両手の肘下などを修復した結果、像は平安当時の面影を残しているという。

その観音像を、鹿児島市立美術館で開かれた、新納の没後五十年の特別展に出品する様子が、平成十六年五月二十二日と九月二十五日の新聞に写真とともに載っていて、業者のていねいな梱包の様子が窺える。

今まで私は、乳の観音の千手は、背の両翼に刻まれたものが千手を省略した姿であると思い込んでいた。千手観音像の足元の小さな箱に、きれいに磨かれた一本の腕が納められている。花祭りの時の小さな釈迦像とともに。確かに観音の手は存在したのだった。

大きな体に角ばったお顔、しかし、じっと見ていると穏やかで見飽きない。滋味あふれる姿は、人々に大きな安心を与え続けている。

観音堂の境内には、泉水寺中興の秀円の墓、板碑（願掛地蔵）、杉木立の中の五輪塔など、泉水寺の来し方を窺わせるものが多い。

境内の奥まった所には、垂直の崖に幾筋も気根を垂らしたおどろしい場所もある。そこにも木像や石仏などが祀られている。

横武《よこたけ》永久《ながひさ》の彫刻家・岸本広義氏による「樹霊供養之像」は、白木の十一面観音像。昭和四十年頃、下河内の木村木材が生木の供養のために建立した。藪椿、青木などがみっしりと生えている。

求菩提山杳《はるか》に見えて浄仏の誓をやどす山波のすそ

小笠原秀実

地元出身の画家・吉田達磨氏（春陽会）の建立による歌碑の脇には、白玉椿の花が咲く。千手観音保存協会発行の「千手観音尊」のしおりの表紙には、吉田達磨氏の水墨画の観音堂が描かれていて、大杉に囲まれた観音堂の千古のおもかげを映している。

乳水で粥を炊いたらよく乳が出るようになったという母親。上毛町緒方の人は尿結石が出たという。

枯葦の広がる上流に目をやると、ずっと奥に雪を頂いた犬ケ岳がくっきりと見え、鶯の鳴く声がする。

山峡にさ霧の湧きて何所からか祈りの太鼓ひびききたれり

安仲光男
（くろつち短歌会代表）

境内の仏たち

十三番札所

山内《やまうち》村　如《ね》法寺《ほうじ》

怖るへし怖るへしとは知なから空しく過る月日成ける

▽豊前市横武町山内九九一

両脇に仁王像が立つ如法寺山門

野いちごが赤い実をつけている。五月の半ば、如法寺への参道を登る。黄色の実をつけているのは、もみじいちご。一つ採って口に含むと、まだ甘みがない。もう少しすると、ふっくら甘くなる。冬いちごの葉も、ハート形の緑葉をつけた蔓が伸びている。五月の初めには、山藤のやわらかい紫が、登る折々の目を楽しませてくれた。

参道入り口の如法寺駐車場から、少し急坂の参道を登る。三十年前には田んぼを作っていたという参道右側の旧坊跡、左の不動石、不動池を見て登ると、山門前に自然石の大きな石段がある。

山門（江戸時代後期）の内の金剛力士立像は県指定有形文化財。〝仁王さん〟として親しまれているこの仏像は、檜の一木造りで、像の高さは二八〇センチ。地方作の素朴な造りだが、平安後期を降らない貴重な作という。江戸時代の宝永年間（一七〇四～一一）に修理が行われたが、その時に裸足の足に沓《くつ》を履かせたらしく、大変珍しい形に改められたと思われる、と如法寺の史跡案内にある。

山門を入ると本堂があり、御本尊である木造如意輪観音像（市指定有形文化財）が安置されている。室町時代の作品で、像高は六四センチ。如意宝珠と輪宝を持って、

左上：本堂
上：本堂に祀られる如意輪観音像
左：写経水

一切衆生《いっさいしゅじょう》の願いを聞き苦を救うという。

本堂のすぐ左方には、市指定天然記念物の写経水がある。康治元（一一四二）年、如法寺の住僧厳尊が、求菩提山の「銅板法華経」を刻んだという記録が残っている。求菩提山の鬼門封じの寺として、また求菩提の写経所としての如法堂にあたるものであろうともしている。正月の書き初めの水を求めて見える方もあると聞く。

山への小道を少し登ると、たくさんの石塔群（県指定有形文化財）が山中にある。約一五〇基、五輪塔や宝塔、供養塔、宝篋印塔《ほうきょういんとう》などが並ぶ。岩岳《いわたけ》川などのきれいな石が使われているものもある。

引き返して、写経水の脇から石段を上り不動堂へ。不動堂の本尊は秘仏で、誰も見たことがないという。横に身替り不動明王（江戸）が祀られる。ここは宝地院という中世の建物のあった所で、発掘調査がなされている。

その裏手に鏡池があり、池を右に下りると、山の壁面に全国六十余洲の神々を祀っている「石龕《せきがん》」がある。濱島三司先生（元福岡県文化財保護委員）が重松敏美先生（初代求菩提資料館館長）とご一緒に初めて見た時には、一面シダに覆われていたという。

上：たくさんの石塔群
下：不動堂

シダの覆いを取ってしまった後、少しずつ崩壊していく。平石や川石のきれいな石が埋め込まれていた。略式で全国のお参りができる、修験独特のものである。

鏡池の脇を一〇八段上ると、上宮の白山神社に着く。白山権現を祀り、年一度、権現さんの座の祭事が行われている。また、護摩場跡、求菩提拝所跡など求菩提の末寺としての遺跡が多い。

「如法寺縁起」によれば、常在山《じょうざいさん》如法寺は奈良時代、僧行基により興され、同時に白山明神を祀ったとされる。また、求菩提山の国宝「銅板法華経」は、頼厳の依頼により弟子厳尊が如法寺で執筆したことは知られている。

その後、宇都宮氏が豊前国の地頭職として入り、城井《きい》谷を本拠とする。宇都宮氏の三男信政が如法寺の座主《ざす》となり、如法寺氏を名乗り代々受け継がれていく。天正十五（一五八七）年、黒田氏の豊前入国により宇都宮氏は滅び、そのまま如法寺は百年の間、無住となる。十七世紀末、如法寺は広寿山福聚寺《ふくじゅじ》（北九州市小倉）の法雲禅師によって再興された。天台宗改め、禅宗の黄檗《おうばく》宗寺院となり現在に至っている。現住職は吉野氏である。

秋日村居（其九）

尋ね来る　翠微《すいび》(*)の寺
臨眺《りんちょう》す　下方《かほう》の秋

万竹《ばんちく》　初地《しょち》に籠り
千山《せんざん》　一楼《いちろう》に拱《こまね》く
棋《き》を囲んで　僧は対坐し
芋を煨《や》いて　客は淹留《えんりゅう》す
虎渓《こけい》の月を踏んで
共に蓮社《れんしゃ》の遊びを成すことを要す
　如法寺に遊ぶ
（＊翠微＝山のみどり色のもや）

（恒遠醒窓著、三浦尚司校註『遠帆楼詩鈔』）

「別曰く　此れ蓋し如法寺に遊ぶの詩なり」とある。
如法寺では以前「即非蓮《そくひはす》」という、黄檗宗に縁の深い蓮を植えられ大事に育てていた。即非は明の僧で、師の隠元禅師の招きにより来日、長崎から京都宇治の隠元《いんげん》師の万福寺へ身を寄せる。来日の折に持参した一つが蓮の実や蓮根であった。
薄いピンクの花を賞でて、四国の小笠原侯ゆかりの寺池に伝えられていたものを、如法寺でももらい受け、楽しんでいたのだが、何分、昔ながらの花蓮は根が小さく、現在の改良蓮のように強くない。蓮は仏陀の生誕を告げて花を開いたといわれる。如法寺の意匠は蓮の花を表している。

即非蓮はうすもも色に咲くという遠き縁の国想いつつ　　悦子

求菩提山参道。みつまたの花が香る

十四番札所

求菩提《くぼて》　五箇岩屋《ごかいわや》（吉祥窟《きっしょうくつ》）

此世にて菩薩の種子を求めなは後は甘露の法に逢うへし

▽豊前市大字求菩提

平成十八年三月発行の『豊前市制50周年記念ぶぜん写真集』の中に、求菩提へ向かって続々と登っていく巡礼姿の人たちを写したものがある。

中央奥に求菩提山を望み、それへ続く白い道が川に沿いながら写真手前から続いている。道の右側の、石垣の内側には茶畑があり、一方、川の向こう岸の棚田には穂を垂れ始めた稲田、手前隅に稲藁の稲積《としやく》が見え、掛け干し用の木や竹が用意されている。

同じ写真集の中に「戦勝祈願」という一葉があり、東の大鳥居前で整列する人々、位牌を持った僧侶や「祈願傷病兵平癒」、「護国英霊大追弔」の幟を持った人たちが写る。先の巡礼姿の人たち、戦勝祈願のための求菩提参拝と、霊峰求菩提への人々の信奉は厚かったと思われる。

求菩提山（七八二メートル）は養老四（七二〇）年、行善が護国寺を開く。平安末、頼厳により再興される。多くの山伏が住み、厳しい修行に挑んだ修験道の山である。

豊前の玄関口宇島《うのしま》駅から求菩提まで約二〇キロメートル、五里程である。

鳥井畑の「卜仙《ぼくせん》の郷」温泉そばの道の両脇に、東の大鳥居跡があり、狛犬《こまいぬ》が建つ。そこを通る時には必ず車を停め、手を合わせるのはIさん。彼女の母が求菩提から

五箇岩屋（吉祥窟）。千手観音が祀られていた

黒土《くろつち》に嫁してきた。祖父は両界坊さん。
「山はそりゃあ、賑やかやったそうなよ」
Iさんの祖父は阿蘇や耶馬渓方面へ出かけていたという。

贈無頂貫主

聞君無頂館
突兀倚高峰
窗散諸天雨
門臨太古松
炎氛三伏絶
苔色四時濃
決眥欄頭立
層雲欲盪胸

無頂貫主に贈る

君が無頂《むちよう》(＊)の館《やかた》を聞《たず》ぬれば
突兀《とつこつ》　高峰に倚《よ》る
窓には散ず　諸天の雨
門には臨《のぞ》む　太古の松
炎氛《えんぷん》　三伏《さんぷく》絶え
苔色《たいしよく》　四時《しいじ》に濃し
眥《まなじり》を決して　欄頭《らんとう》に立てば
層雲《そううん》　胸を盪《あらわ》んと欲す

（＊無頂……座主の居宅を無頂館と呼んだ）

（恒遠醒窓著、三浦尚司校註『遠帆楼詩鈔』）

八月下旬、朝八時半頃黒土を発って、一路求菩提へ。
七合目の駐車場に車を置き、雨合羽を羽織り、吉祥窟

上：五箇岩屋（吉祥窟）
下：安浄寺跡，三十三観音像が立つ

へ向かう。

構《かまい》の石門、かつてその向こうは山伏たちの集落、坊中に入る。

安浄寺跡に着くと、あたりに栃《とち》の実が転がっている。緑がかった直径三〜五センチ程の実や、樫のどんぐり。数日を経た栃の実は、濃い茶のはだら模様で、等三《とうさん》にひび割れたものがなんとも美しい。

ここ安浄寺は山伏の葬儀の行われた場所であるという。その安浄寺跡の斜面には、三十三観音とお地蔵様が置かれてある。どことなく寂しげな場所でもある。安浄寺の隣り、豊照《とよてる》神社（毘沙門堂）が建つ。毘沙門天（平安）が祀られる。

獅子口《ししのくち》には、山頂の巨石群の下からの水が、石造の獅子の口を通して出ていて飲み水となる。国玉神社中宮、鬼神社へと登る道みち、天南星《てんなんしょう》の花を見て、めじろの声も聴く。

ようやく五窟に着く。求菩提には、〃求菩提百窟〃といわれるほど窟が多いと聞く。

山の八合目あたり、南に出張った所に五窟はある。阿弥陀窟は阿弥陀如来と地蔵菩薩を祀る窟で、自然石の両面に陽刻した板碑がある。

吉祥窟（法華経窟、千手窟）は二〇メートルはある、そそり立つ岩に清水が浸み出る。その岩に取りつき、薄紫のいわぎぼうしの花が点々と咲く。

千手観音像（求菩提資料館蔵）

窟の前には観音堂が建ち、木造の千手観音が祀られていた。現在、資料館に収蔵されている。恒遠俊輔館長（当時）にお願いをして、収蔵庫の観音様に会いに行く。

像身一四〇センチばかりの芯のみで、目も鼻も失っている。芯ばかりの像は、今でも千手観音としての心魂を持ち続け、現在にメッセージを送り続けているように見える。

吉祥窟の前には、石を抱いて銀杏樹が伸び、葛の花の紫が地に散っていた。

多聞天を祀る多聞窟（毘沙門天）、胎蔵窟には「銅板法華経」（国宝）三十三枚が銅筥《どうばこ》に入って、大きく裂けた岩の割れ目の奥から発見されたという。その割れ目に耳を澄ますと、奥の方からウォーンと低い音が聞こえる。この水は岩岳川の源流の一つとして「水分神《みくまりのかみ》」を祀ったりしたという。

大日窟へ行く途中の岩の滴りの地面に、大きながまがいる。背中が茶のまだら模様で、しっかり目を開け岩にぴたりと体をつける。皆が先に行き、なおも私が見ていると、突然くるりとこちらに向き直った。あっと驚いていると、くわっくわっと口を開けた。

大日窟内に「金剛界大日如来座像」（榧《かや》材、県指定有形文化財）が安置されていた。現在は資料館に展示されている。両手がないながら、どこか神々しく尊い。藤原期のものという。

上宮、磐石《いわくら》を経て山を下りる。

そそり佇つ巌のしたたり身に受けてがまが座します大日如来　悦子

十五番札所

八田《はった》村　塩田《えんだ》屋敷観音堂
法然寺《ほうねんじ》内観音堂

▽築上郡築上町東八田七八一

▽築上郡築上町東八田古寺

日の峰の鐘は朝夕響とも罪の報をしらではかなき（塩田観音御詠歌）

池めぐりしばしはこゝに沓抜の堂へまいるは後の世のため（沓抜観音御詠歌）

上：塩田屋敷観音堂
下：観音堂内

十五番札所といわれる所は二つある。平成十九年十月、築上郡東八田へ出かけた。法然寺末といわれる観音堂は、道路脇にめぐりを掃き清められて建っていた。

堂内の壇上には石造の聖観音（塩田観音）が安置され、御仏飯が供えられてあった。観音様の下には、参詣者が坐って読みやすい位置に御詠歌、お経が書かれてある。八月八日には観音祭があり、法然寺住職によって供養の行事が執り行われる。

法然寺本堂（行信，即身成仏の地）

観音堂の右手には、幹がこぶこぶの常緑樹の太い樹が一本、堂を守るように立っている。

やはり、東八田字古寺の含渓山念仏三昧院法然寺（第二十八代、哲空俊）境内にも観音堂がある。昔、徳光池（法然池）のほとりにあったものを寺内に移し、十日観音（十日講）といい、地区の人たちでお守りしている。木造の聖観音坐像（沓抜《くつぬぎ》観音、享保九（一七二四）年）が祀られている。毎月十日に集い、法然寺住職のもと「般若心経」を唱える。昔は御詠歌を唱えていた、と住職は話された。

法然寺は永正年間（一五〇四〜二一年）、僧行信が入山し、日峯山台蔵寺（天台宗）を改め法然寺（浄土宗）となった。

行信は晩年、地区住民の飢餓を救うため、寺の近くからも清水が湧くように、旱魃の被害がないように、即身成仏を以て入定《にゅうじょう》す、とある（境内案内板より）。地下に土倉を作り、信者の嘆きの声を後に断食に入った。七日七夜、鉦《かね》と読経の声が聞こえた。その音が絶えたのが、十二月五日であった。この日を行信の忌として、行信の仏徳を讃え、今日までおまつりは続けられている。入定を記念して松が植えられた。

また法然寺は天正十五（一五八七）年、豊臣秀吉による九州平定後、豊前六郡の領主に任ぜられた黒田孝高が同年七〜八月の間、仮の宿とした。

門を入って右手に観音堂があり、行信の願いの池もすぐそばにある。

豊前三十三観音は、すべての札所に法蓮和尚の御詠歌として歌が詠みこまれている。ここに来て、どうしても法蓮さんのことが気にかかる。豊前三十三観音の道案内役でもある法蓮和尚は、史実は少ないながらも、宇佐の宮にとって

上：法然寺境内にある沓抜観音堂
下：沓抜観音

かけがえのない人物であったに違いない。

聖武帝即位の約二十年前、法蓮和尚には朝廷からの医術の賞《しょう》として四十町歩の原野が与えられた。また、大隅隼人の反乱にも参加し、のち親族に宇佐君の姓《かばね》を賜っている。

求菩提資料館での講座に「僧法蓮と虚空蔵寺」があった。虚空蔵寺が九州で最古の本格的寺院であること、神宮内の弥勒寺においても法蓮が深く関わっていることを思えば、法蓮の「折り目正しい面立ちを持つ僧であろう」という、後藤宗俊氏の研究ノート（「僧法蓮考」〔『大分県地方史』133号〕）の紹介は、今までの僧法蓮への見方を変えることになるのだろうか。

築上町岩丸の小川ダムの東に、葛城《かつらぎ》山という低い山の連なりがある。岩丸本村の山中さんの家の、真向かいの山の頂上に高い樹が見える。そこには葛城山妙見宮があった。同社の僧、法蓮和尚が天台宗の法蓮寺を開いたという。天正十九（一五九一）年、類焼で現在は奈古《なご》字向屋敷に移され、宮池のそばに妙見宮葛城神社としてある。

法蓮寺も、岩丸本村に寺跡が竹林に覆われて、僧墓への道のみ細く残っている。法蓮寺の本尊は、一〇〇メートル下の法泉寺（浄土宗）に安置されている。

現在無人となった法泉寺の、草生う石段を四十八段上る。すぐ近くの山中さんが法泉寺の戸を開けて下さった。

高い天井のがらんとしたお堂には、椎田の西福寺（浄土宗）が年数回、お詣りに来て下さる。左の脇壇に、法蓮寺本尊の木造薬師如来坐像が安置される。ほぼ等身大の檜による像は、平安時代の貴重な尊像ながら傷みがひどい。保存の限界であり、修理が待たれる。

平成十年に閉校となった岩丸小学校の校歌に、「天降《てんご》の峯《みね》の名にしるく」と歌われた天降の峰は、葛城山妙見宮の跡である。児童の植えた杏の木はまだあるだろうか。

守りきてほとりすがしき観音堂みどりゆたかに一本の樹　　悦子

十六番札所

赤幡《あかはた》村　観音院（淵上寺《えんじようじ》）

木も草も一つに拝む人は唯弘誓の法りに逢うぞ目出度き

▽築上郡築上町赤幡二一一（字切寄平）

昔は観音寺と云い、京都の仁和寺末、真言宗に属す。

（『築上郡史』）

巌洞山《がんどうざん》淵上寺は、昭和五十五（一九八〇）年より十六年間無住であったが、平成八年より高橋英岳住職（北九州市若松区、如意輪寺住職兼務）となる。

築上町歴史民俗資料館（延塚記念館、木・土・日開館）には、貝原益軒《かいばらえきけん》が豊前・豊後の史跡調査をした時の「城井谷絵図」（町指定。絵＝衣笠半助、書＝益軒）が置かれている。

貝原益軒は福岡藩の儒者で、藩命により黒田氏に関係する史跡を調査するため、十数名での公式の旅行であった。益軒六十四歳、元禄七（一六九四）年五月一日、福岡を発ち、六日には城井《きい》川沿岸に着いている。

往路は、黒田氏の謀略で悲惨な末路をとげた宇都宮氏の拠点である城井谷を見るためとして、城井川周辺の史跡についてはことに詳しく記している。

五月六日のあした、やどりを出て山をこへて東城井谷へ入りぬ。築城の少し上、赤旗村是城井谷の口なり。谷口より上一里余は谷中ひろし……。

（貝原益軒『豊国紀行』）

上：城井川の絶壁上の淵上寺
左：参道に立つ弘法大師像

平安時代より宇佐領として、宇佐神宮とも縁のある赤幡神社（赤幡神楽：県指定無形民俗文化財）は、県道237号と238号が交差する地点の南西にある。神社のすぐ西側に「淵上寺入口」との札がある。真っすぐ一筋道を行くと、やがて行き止まりに駐車場があり、そこより歩く。

少しばかり行き、左に上って進むと、入口に弘法大師像が置かれている。小道を下りると、巌の下に淵上寺の庫裡、本堂が並び、石碑が建つ。城井川の右岸を右下に見て、絶壁の上のわずかばかりの敷地である。

時折、藤の花が散ってくる。

本堂の中の正面に観世音菩薩、左に閻魔《えんま》大王像、右

観音堂内

には弘法大師像が並んで祀られる。

豊陽築城の郡なる赤幡の観世音は、仁門菩薩、一刀三礼せるところの尊像にして、元亀年中此地にしづまりませば云々。松はとこしへにして苔滑に石の階九仭にたゝまり登り〳〵て百尺の岩も仏閣を覆ひ、眼下に千尋の碧潭漲れば山を巌洞山と号し、寺を淵上寺とはいふなるべし云々

（「巌洞山淵上寺観音鎮座記」〔『築上郡史』〕）

庫裡は昭和五十九年四月十八日に改築、落成をした時の多くの寄進者の名が記されている。

二月十七日、冬の大祭（大祭の折には護摩焚きをする。信者の方たちの一つ一つの願いを書き入れている。五十枚ほどを書きこんだ年もある）。

八月十七日、夏の大祭。

毎月十七日の観音様の縁日には、地区の人たちが交替で清掃をする。

観音堂へは、山道を行くのと別に川の堤防から上っていく道がある。三〇センチ幅の細い道も手入れをしないと上れない。また、夏の台風時や大雨の時には復旧が大変であるともいう。

終戦後、地区の若者連が盆の十七日に、竹にろうそくを立てて灯をともし、賑やかに行事をしたことがあった、と赤幡出身の大丸氏は懐かしい様子で話して下さった。

本堂の前の狭い敷地にも、榎であろうか太い樹の枝々に芽ぶきはじめた薄緑、赤い小ぶりの椿の花、孟宗竹も繁り、時折風に乾いた音をたてている。
木や竹に覆われた淵上寺は、まず対岸からは見えにくい。そこには中世、宇都宮鎮房の出城があった。
赤幡城趾について『築上郡史　上』には、「『豊前志』では淵上寺城阯と云われている」とある。

其後赤旗という所に城井中務より出城を構へ、其家人壁兵助、城井宮内両人籠置ける。長政是を聞きて母里太兵衛、小河傳右衛門に追払候へと被遣赤旗に籠たる者共是を聞きて半里斗り《（ばか）》出向ひ戦ける、其時母里太兵衛下知して光富村に早く伏兵を置けるに敵是を不知して何の用心もなく来る所を……（略）。

（『黒田家譜』天正十五〔一五八七〕年）

地蔵尊

城井谷を語る時、宇都宮一族の悲劇は谷に満ちみちて多くの物語を遺す。
おおらかな鶯の鳴き声がする。はるりんどうが道々に低く、空を映して咲いている。

開きたる楤《たら》の芽二つ三つとりて草みちのぼり来赤幡観音　　悦子

十七番札所

津留《つる》村　円光寺《えんこうじ》（井守寺《いもりでら》）

観音の御法りを頼む浦人の千度百度拝む此てら

▽行橋市津留

『豊前志』に「鶴の湊」について記述がある。

今、津留村と云ふ、是れなり。此のあたりは、中昔まで、入海なりし由て、応永戦覧に鶴の湊と見えたり。

九月二十日、円光寺の境内や生け垣のそばには、今を盛りに彼岸花が咲いていた。檜の枝には蟬の抜け殻があり、境内は掃き清められている。

円光寺について、『京都郡誌』にこう書かれている。

今元村大字津留屋敷にあり、禅宗曹洞派にして、小倉宗玄寺の末寺なり。創立年月詳ならず、元和年中慶文再創せり。小倉領曹洞派寺院記録に云わく、本拠不詳、元和年中有僧慶文、再創為中基、其後延宝元年、僧紹説、請宗玄六世雲白和尚為開山定本末之儀。

宗玄寺は小倉小笠原初代藩主忠真の父・小笠原秀正の菩提所。

二十年間無住であった円光寺を、平成十五年から田川郡福智町上野《あがの》の興国寺（曹洞宗）の横山岳洋氏が、兼務

上：円光寺本堂内
左：円光寺門

住職として務めておられる。

奥様は一カ月に一度、婦人部の方数名と訪れ、円光寺の内外の掃除をしている。長く無住であり、何度も火事に遭って荒れていたものが、ようやくきれいになった。

本堂の内の祭壇は美しく荘厳され、小笠原公の紋の入った台上に秘仏の観音像は祀られる。祭壇の前の幕にも三階菱の紋が入っている。

平成二十年、興国寺では道元禅師の七五〇年祭が行われた。足利尊氏ゆかりの古刹であり、文書や木像と文化財も数多い。

年に一回、秋に南北朝時代の千手観音像の御開帳が行われる。

十一月三日、文化の日は天気の好い日であった。円光寺の斜め前の菅野《すがの》さん方を訪ねる。

境内の諸仏

円光寺のそばを通る小川は、底を浚《さら》えていてきれいな水が流れている。シジミの殻も見える。上流に清水の湧く所があり、そこから流れてくる水と、祓川《はらいがわ》の水を堰き止めた津留井堰からの流れがある。

以前、湧水からの流れで顔を洗ったり、茶碗を洗ったりと大事にしてきた。汚れものは別の流れで洗う。それはお互いの決まりともなっていた。

菅野さんによると、昭和六十二年位まで、円光寺への巡礼は続いていたという。数人がまとまり、お詣りに来ていた。家の土地を踏んでもらうと縁起が良いといわれ、菅野さん方も宿をしていた。

ついこの頃、福岡県と行橋市の地図を見ていて気がついたことがある。円光寺は以前、「井守寺」といわれていた。津留の隣りの馬場に「イモリ池」と記された池があり、その下には貴布禰神社という水神社がある。以前、菅野さんから聞いていた、馬場の方に湧き水の所があり皆で大事に守っていた、という言葉を思い出し、やはり何か関わりがあるかも知れないと、ふと思った。

十一月末、曇のち雨の予報であったが、ＪＲ九州の宇島駅から新田原で下車する。約一キロであろうという駅の人の言葉に、軽い気持で歩きはじめた。

馬場の公民館のすぐ右手を上り、イモリ池へ着いた。池はもう少し山手かと思ったが、村中から近い。土手の茅が赤茶けて、池には満々と水が湛えられ、鴨が数羽浮いている。遠く山を抱えて水は安定しているのだろう。

イモリ池を下り、貴布禰神社へ向かう。清掃された境内には赤い椿が満開である。神社から寺岡節子さん方への途中には、クリークのように水路がある。寺岡さんは「コウラ山メダカとホタルを守る会」の代表をして

イモリ池［藤井撮影］

いる。草花が好きと見えて、庭にはとりどりの花が植えられてあった。

湧水の地を「河原山《こうらやま》」という。昔むかし、祓川の流れの跡が残ったのであろう。木々が多く森のようであったのを、耕地整理の時、木を伐り湧水地をも整備して、めだかや蛍が棲めるようにと、地区の皆さんで協力し合っている。

池は私の思っていたものとは違い、割と広い湿地帯である。時期には珍しく睡蓮の花が咲いている。と、ぽつりぽつりぽつり雨が落ちはじめた。それも長く続かず、池のそばに腰を下ろし、馬場在住の修験者・福森さんから頂いた大きなおにぎりを頬張る。海苔に包まれふっくら御飯、中の梅干しが美味しい。

津留への水路、新地川となって流れ、円光寺を巡り、祓川まで見届ける。

めぐりゆく水の流れに沿いにつついつしか津留のみ寺に着けり　悦子

十八番札所

簗瀬村　簗瀬寺《やなせでら》

因縁を聞くに付ても有かたや筏瀬を渡す法りの船人

▽京都郡みやこ町犀川柳瀬六四

平成二十一年二月四日（立春）、市バス、ＪＲ日豊本線、平成筑豊鉄道田川線へと乗り継いで、みやこ町犀川《さいがわ》柳瀬《やなせ》の観音堂へ向かった。

その日、北部九州には濃い霧が発生し、わが家の周辺も白い靄《もや》に包まれる。宇島駅で電車を待つ間、駅の放送は到着時刻の遅れを伝えていた。

行橋駅から出る平成鉄道は一時間に一本位。しかし前に較べて多いという。出発までには少し間がある。待合室にいると、一人、二人と少なかった乗客も徐々に増えてきた。犀川駅で降りて温泉に入るという女性が話しかけてきた。帰りには夫が迎えに来ると言い、荷物も多い。一両のみの車両は、本線と違ってお互い知り合いもいるようで、乗客同士空気が和んで見える。

行橋を出て美夜古泉《みやこいずみ》─今川河童─豊津─新豊津─東犀川三四郎─犀川─崎山─源じいの森─柚須原《ゆすばる》……田川……直方。

崎山駅までは三五〇円、後ろから乗って前で降りる。降りる時に料金を払う。行橋からの乗客の大方は犀川で下車する。次の崎山で降りたのは、買物袋からセロリが覗いていた女性と私の二人。

駅のホームから一旦線路に下りて、無人の駅舎に向かう。二人で今川沿いに下り、仮橋（板）を渡るという女性と別れて、少し下の柳瀬橋を渡る。橋の所で昼のサイレンが鳴った。橋の手前には「ダム（油木ダム）の放水

上：観音堂
左：高木神社

による増水の注意」の看板が立っている。

　丁度、橋の向かいに高木神社の鳥居が建つ。鳥居をくぐり石段を数段上ると、貴船神社の鳥居が建ち、その左の地続きに文台寺《ぶんだいじ》という村の寺がある。遅い蠟梅の花の香りがあたりに漂っていた。

　石段を上ると境内には、高木神社・貴船神社・守門《もりかど》社が合祀されて建っている。以前は三月十八日に例祭が行われていたようだが、今では月に一度、地区の人たちで掃除をするのだという。

　神社の住所は大字柳瀬字大行事となっている。英彦山領の村々に、英彦山霊仙寺の末社である高木神社（大行事）は、筑前国に十三社、豊前国に十三社、豊後国に三社あるという。いずれも以前は英彦山修験道と深い関わりがあったに違いない。

観音像と諸仏

お潮井採りの道筋にもあたる。

神社の左台上に観音堂がある。堂前には大きな銀杏の木があり、その幹元に小ぶりの御手洗石が置かれてある。

文台寺脇から、朽ちかけた石段が観音堂へと続いている。そこにピンクの踊り子草の花が咲いていた。まだこの時季に、いかにも早い花の目覚めである。あるいは昨年の忘れ花でもあろうか。

江嵜靖区長さんが観音堂の鍵を開けて下さった。堂内には周辺からの仏様たちが、粗末にならないようにと納められている。木造の観音様は、頭光《ずこう》様のものをつけ宝冠に化仏《けぶつ》を戴き、右手に蓮華を持つ。密教系の聖観音像として造られたものであろうか。かなり色付けも金箔も剝がれ、下地の白塗りが現れている。他に金銅製のものが一体納まっている。

観音堂から見渡す先に崎山の低いなだらかな山が列なり、冬田の中を行く客車一両が目に入った。英彦山山地の鷹ノ巣山を水源とし、周防灘に注ぐ今川（犀川）、その今川に沿って平成筑豊鉄道はある。

今川の土手には桜木、川原には菜の花が一面に生《お》う。年に三回、地区の人たちが草を刈り、土手を守る。十三日、二度目に訪れた時には菜の花が黄色の花をつけていた。今年（平成二十一年）また十七本の桜を植えるという。

柳瀬の上の人たちに便利なように、川には木の仮橋が架けられている。大水の時には真中が外れ流れに沿わせるので、昔のように流されることはなくなった。崎山駅に近いため、帰りには私もそこを渡って駅へ戻った。

左：今川に架かる仮橋　右：今川河畔の桜並木［いずれも江嵜靖氏提供］

桜の季節には、川原の菜の花とともに木の橋も観光スポットになり、多くの観光客が訪れ写真に納める。高木（貴船）神社や文台寺、観音堂など、花明かりの中にさぞや祈りの道と映ることであろう。川水がきらきらして、立春の陽を照らす。
今川は上流に油木ダムができていて、昔ほどに水量は多くない。帰りの列車の中で、大坂山や馬ケ岳など、乗客に山の名を聞きながら帰ってきたのであった。

届きたる今川べりの一葉の柳瀬観音いま花明かり　悦子

十九番札所

古河《ふるかわ》村　像田寺《ぞうでんじ》

古河の水に移ろふ日の影は幾千万の人をたすくる

▽みやこ町犀川古川四〇七

雨の少ない平成二十一年、みやこ町犀川古川地区も、田植えは例年より一週間か十日位遅くなるだろうという。貴船神社境内にある「水観音」には、地区の人たちの熱い思いが込められている。『郷土誌みやこ』第三号（平成二十一年）の中に、「古川・水観音と寺池」と題して、一川淳江氏（元福岡県文化財保護委員）が寄稿している。

古川・貴船神社境内に観音堂がある。中には蓮華座に立たれている聖観音立像（高さ約五〇㎝）が安置されている。通称「水観音」と呼ばれている。

近くに、寺池と呼ばれる溜池がある。おそらく昔、旧藩時代に貰っていた扶持米の田をまかなうため作られた池であろう。（略）

観音堂横に「象田」の文字が判読できる墓石群があり、この近くにあった寺であろう。しかし、どのような霊験と由来・伝承があったのであろうか。それを知る人はもはや誰もいない。（略）

旱天に慈雨の霊験を持つ観音は多い。ただこの近郊で「水観音」と呼ばれる観音を他には知らない。「古来より」「水掛り薄」く、旱害対策に片時も気が休まらず、心を砕き続けている古川区ならではの「観音様」である。

貴船神社境内にある観音堂

「水観音」と呼ばれる観音像

五月一日、初めて古川観音を訪ねた折、地区総出で神社境内は掃き清められていた。国田区長さんが貴船神社参道左脇の観音堂を開けて下さった。

堂内の蓮台に立たれた観音様は、円筒形の宝冠を被り、全体黒く煤《すす》けているものの、姿形穏やかにして右足をわずかに踏み出し、直ちに庶民の願いに応えようとする姿が窺える。

蓮花を戴いたであろう左の手先も、また下ろした右手の少し前に差し出された手先も、共にない。下半身の衣の部分も傷んでおり、永年の苦労が偲ばれる。

貴船神社境内の大杉や樟、山手の竹林の静かな中に、時折り竹の幹の打ち合う乾いた音がする。

長い間、古川の観音堂を守ってこられた中尾悟氏も九十三歳になられた。

観音堂から北に、御所ケ岳、馬ケ岳を望む古川地区の圃場《ほじょう》は、県道を挟み田植え前の準備が整えられていた。

またこの地は、古代のかなり広い条里跡が残り、「大宝二年戸籍」（七〇二年）という、日本最古の戸籍台帳が正倉院古文書の中に残されているが、豊前国と筑前国の二国分のみ残っているという。「大宝二年戸籍」の、豊前国の「仲津郡丁里」とは、今川と祓川流域である。

犀川の古川・八ツ溝地区は古溝勝《ふるみぞすぐり》と呼ばれていて、戸数十五。一戸は二十人から二十五人程の大家族であった。またその頃は、現在の中国や韓国と同様に、嫁しても女性の姓名は変わらないということが、古溝勝に生まれ育った四十歳の女性（古溝勝伊志売《ふるみぞすぐりいしめ》）が秦部氏に嫁いだ一三〇〇年前の戸籍に残っていることからも窺える。

『郷土誌みやこ』第三号は「本庄池」特集となっている。溜池の多い地区ながら、雨の少ない時の自然の雨水をいかに確保していくのか、先人たちの積年の願いや闘い、あるいは伝説などが編集されている。また、古川区から福岡県知事に出された「古川区大池注水路組合設立許可方」の四十七名連名の「嘆願書」（牧野氏提供）も載せられている。

平成八年から十三年度にかけて本庄池は整備され、公園化されて町民の憩いの場として多くの人に利用されている。第一・第二駐車場、トイレ、野鳥観察小屋や菖蒲園、浮桟橋などが設けられ、魚釣り場としても知られている。

その足で、みやこ町歴史民俗博物館へ出かけた。丁度、「屋根裏からのメッセージ」と題しての展示物を観せていただいた。ダムに沈む下伊良原地区の、取り壊される家屋の屋根裏にあったという煤けた俵詰めの中から、江戸時代後期のものと思われるお札がたくさん見つかった、というものだった。


田水守《も》る水の観音犀川のいにしえびとの戸籍遺《のこ》れり　　悦子

二十番札所

宝《たから》山《やま》村　宝《ほう》山《ざん》寺《じ》（養《よう》徳《とく》寺《じ》）

▽行橋市大字宝山四九四

七宝の宝は道の障なり後世の宝は観音の慈悲

今川村大字宝山字山園にあり、もと浄土宗なりしが今は真宗となれり、本尊観世音は婦女の安産を守り、児に乳を授くとて崇敬せらる。

（『京都郡誌』）

上：王埜八幡神社の鳥居
下：養徳寺本堂

行橋市宝山字上《かみ》の山の王埜《おうの》八幡神社の境内に、真宗木辺《きべ》派の養徳寺がある。

朝夕、少しばかり涼しくなった八月下旬、こんもりと緑に包まれた神社境内には、みんみん蝉が鳴いていた。

王埜八幡神社は宇佐八幡宮の三霊（応神天皇・神功皇后・比売大神）を祀り、宝山の鎮守である。今川下流左岸にあり、西端を井尻川が流れている。

豊前市から車で椎田へ、県道58号に入りそのまま今川を渡り、天生田《あもうだ》の信号を右に

境内の桜

入り中京《ちゅうきょう》中学校、今川小学校を左に見て、まもなく道路脇に王埜八幡神社の鳥居が建つ。右に駐車場がある。

真っすぐ参道を行き、石段を上って正面に王埜八幡神社、右に養徳寺。神社前左には大楠が樹ち、脇に御手洗石、梅の木が低く添う。この小高い山が宝山城の城跡で、馬ケ岳城（新田氏）の出城の一つであり、新田氏一族の安東市次郎が城主となった。

ところで、寺の鍵を開けて下さった区長さんも、また寺近くの総代であり神社の宮柱である方も安藤さん。いずれ古くから宝山に縁を持ち、この土地を守ってこられた方々であろう。

と思っていると、総代さんが、大友宗麟が攻めてきた時、城主安東氏を安藤に替えて宝山城を守った、という話をして下さった。室町時代の二百年、大友軍は豊前国と関わってきたことになるので、私の周辺でも必ず大友軍の話は出てくる。正月十四日、馬ケ岳城が落城した日になると、井尻川では馬のひづめの音が聞こえるという。

養徳寺の本堂には、大きな石の上に観音様が安置されている。記紀伝承上の天皇である景行天皇がお立ちになって弓を射、土蜘蛛を退治したという石で、八畳敷はあったといわれる一枚岩、赤紫色の膚がひんやりとした大きな石である。

その石もはるか昔に落雷があり、石の上の観音様が黒焦げとなり、石の一部も壊れた。黒焦げの観音様は桐の箱に納められ、石の破片は庭先の御手洗石になっている。床板を張って石は乾いているが、昔は床下まで見えていて、石はいつも湿っていたという。随分大きく見えたことであろう。

上：盤石上の観音様（養徳寺本堂）
左：宝山城跡

新しい観音様は、小笠原のお后が安産祈願のお札にと、夢枕に立った観音様を納めたといわれる。

『行橋市史』（中巻）の中にこう書かれている。

行橋の室町時代の仏像については、紹介したい像がたくさん遺されている。

（中略）地名の由来となった宝をその下に秘蔵しているとも、それ自体が金剛宝石であるとも言われる盤石の上に設けた壇上に安置されている。宝山の養徳寺の観音菩薩立像をはじめ……。まだ重要な作例は少なからず存在している。

本堂中央の、漆塗の台に金箔の施されたお堂の中、緑色の大きな花弁の蓮華座の上に立たれている、丈高い観音菩薩立像。前面には阿弥陀様が安置されている。

下ぶくれのふっくらした、重

厚だが穏やかなお顔。頭光を戴き、額の上に残るのは宝冠の名残りであろうか。肘を曲げ、胸の前の高い位置に置かれた左右の太い手の、蓮華を持っていたであろう、包むように丸められた左の指先。右手の平は胸の前でやわらかく、わずかに正面を向く。

本堂には、小笠原家の紋である三階菱が飾られている。藩主の加護もあり、地区の人々の信仰も厚かったと思われる。区長さんも子供の時、巡礼の接待にあられなどを用意したことを思い出していた。

観音像の立たれている盤石、その下には宝が埋まっているといわれる。しかし、その石を動かすと雹《ひょう》が降り、瓦が割れるとも言い伝えられている。

毎月十七日には十七観音といい、地区の人たちが公民館に集まり、養徳寺の掃除をして観音様にお参りをする。その後、公民館でお茶を飲んでくつろぐ。

八月八日は御薬師さん。八月十七日には観音様の法要をし、盆踊りがある。

養徳寺の裏山には〝姫の墓〟と呼ばれる小さな祠がある。寺の右手の小道を五〇メートルばかり行くと、宝山城主安藤淡路守の娘の墓といわれる自然石が、小さな祠に祀られている。石は二個ある。春の親鸞聖人の誕生会の後に、姫の墓にお参りをするのが慣わしとなっている。祖先からの地を大事に守ってこられた宝山の人々。帰りの車中、前方の馬ケ岳の上空には、初秋の白い雲が浮かんでいた。

小次郎にまつわるという甘干し柿老人会に配らるという　悦子

二十一番札所

国分寺村　豊前国分寺《ぶぜんこくぶんじ》

▽京都郡みやこ町国分二八〇

清浄の願ひを起す国分寺妙大雲の風はふく共

雪の続いた平成二十三年一月十四日の朝刊に、雪化粧をした国宝瑠璃光寺の五重塔が掲載されていた。昨秋から数度訪ねたみやこ町豊津の、金光明山豊前国分寺の三重塔でも、さぞかし雪化粧の美しい景色が見られたことであろう。

豊前国分寺は天平十三（七四一）年、聖武天皇が五穀豊穣と鎮護国家の祈願を込め建立を命じた寺院で、全国六十八カ所に建てられた国分寺の一つである。総国分寺は奈良の東大寺である。

豊前国《ぶぜんのくに》では、みやこ町国分の地がその建設地に選ばれたが、豊前国府に隣接し、交通の要所であるとともに、周囲を英彦山山系の山並と周防灘が取り囲む風光明媚な「好き地《よ　ち》」としての環境が、この地に国分寺が開かれるに至った要因と考えられる。

（「豊前国分寺跡」案内書より）

国分寺跡へは椎田バイパス、238号の椎田豊津線から入れば近くて分かりやすい。

十一月半ばの月曜日、午前中の国分寺は閑散としている。案内板を見ると「月曜休館」と出ている。ちょっと怯《ひる》んだが、開いている門から真っすぐに古びた鐘堂をくぐり、本堂へと進む。丁度紅葉の盛りでもあり、境内、弁天池のめぐりの樹々が色づき、ずらりと並んだ十三仏や石彫像の掃き清められた地には、一面にさざん

上：豊前国分寺の門。鐘堂が見える
右：境内の諸仏

かのピンクの花がらが散っていた。

本堂右の庫裡に行き声をかけていると、そこへ車で住職が帰られ、護摩堂の戸を開けて下さった。正面に日光、月光菩薩を脇侍に、本尊の薬師如来像が祀られている。

奥の右壁面には、手前に秘仏の聖天様が円筒の厨子の中に納まっている。聖天様が日本に招来されたのは弘法大師の時で、高野山の奥深くに秘められていて、鎌倉時代の初め頃現れ、一般化したのはその四、五百年後のことであるという。

住職は「聖天さん」と気安く呼ぶ。その聖天さんは昭和四十年代に求菩提資料館に出展されたことがある。資料館にお聞きすると、それは資料館ができた頃（昭和四十九年）だろうと言われた。

その聖天さんの奥に、十一面観音像は七尺近い金色の身を立たせている。国分寺の十一面観音像は、求菩提山奥の坊の玄海法印の製作と伝えられている。黒田中津藩の時代というから、約四一〇年経ていることになる。十一面観音は山岳信仰と関係のある寺に多いといわれている。求菩提山奥の坊で彫られたと伝えられるのも何かの縁であろう。飛天光を背に、豊かな蓮弁の上に立たれている観音像は、目に力の隠《こも》る厳かな佇まいである。左に蓮華の入る水瓶《すいびょう》を持ち、右手は左手と同じく肘から前に曲げて手の平を見せ、中指を前に折る。その中指の先に強い力が及ぶのだという。

「西郷文書」によると、中世以後の国分寺については判然としないが、暦応三（一三四〇）年十月二十五日、弓削田孫増という人物が、国分寺領内塔田《とうだ》村（豊前市）の政所職に補任されている。

国分寺は天正年間（一五七三〜九二）、豊後大友氏の兵火により、伽藍はすべて焼失したと伝えられている。その後、真言律僧英賢により草庵が構えられ、小倉藩の支援もあり、本尊に薬師如来を安置して、真言宗寺院として再興なされていく。明治二十九（一八九六）年には宝塔（三重塔）が建てられて、往時の面影を回復する。昭和五十一（一九七六）年には、現境内とその周辺が国の史跡に指定された。

国分寺のシンボルは、何といっても紅色の体軀と金色に輝く相輪の三重塔である。創建当初は七重塔であったという。高い建物の珍しい時代、緑の丘に聳え立つ塔は美しくも、豊前国の中心としての姿を誇っていたことであろう。

現代の塔は明治二十九年に建てられ、当時は「明治記念大宝塔」と呼ばれた。開眼法要の時には、あふれんばかりの人出であったという。

その塔の建立に尽力したのは、国分寺中興第十九世住職・宮本孝梁師である。宮本師は寺の近くの国作《こくさく》村に生まれた。明治十八年、三重塔建立を発願し、資金調達のため私財のほとんどを提供し、官公署、近隣の村々へも一紙半銭の喜捨を呼びかけ奔走、十年目にして悲願を達成し、昭和二（一九二七）年、八十歳にて亡くなる。

その後、無住となった国分寺に入られたのが現住職の祖父孝任師二十一世で、二十代の頃に田川市十輪院《じゅうりんいん》より見えている。父孝雄《こうゆう》師は二十二世。護摩堂内には孝任師の写

十一面観音像
（求菩提山玄海法印作）

紅色が美しい三重塔

真が置かれてある。柔らかな笑みを浮かべておられるが、普段はとても厳しい方であったという。本尊薬師如来の前に大きな鈴があり、師が月々の観音講を始められた時の銘が入っている。

昭和二十七年、三重塔に落雷。塔の復元に向けてこの時期、孝任師は心を痛められていた。県や市町村、周辺の村々に働きかけ、昭和六十年には全面解体修理が行われる。総工費二億円をかけ六十二年五月、改修工事は終わる。孝任師の努力もさることながら、世の中、バブル崩壊前の好景気という時代背景もあったと思われる。

屋根瓦は境内から出土した天平時代の大宰府系瓦を復元して使用し、塔は昔の優美な姿に戻った。翌六十三年、孝任師は亡くなる。

三重塔は昭和三十二年、県の有形文化財に指定される。二月下旬の梅の盛り頃、三重塔まつりがあり、山伏による護摩焚きの行事が行われる。

二十一世孝任師の句碑も建っている。悲願の塔の再建であった。

大塔の復元なりぬ雲の峰　　霊松（権大僧正　孝任）

求菩提山奥の坊がなせる観音像七尺にして眼するどし　　悦子

二十二番札所

今井村《いまい》　観通寺《かんつうじ》

観通の心を常に持つ人は巨海の難も風に任する

▽行橋市今井二一一三七

二月初めながら暖かく、軽い上着を羽織って昼前のバスに乗り込む。

宇島駅から電車で南行橋駅に降りる。観通寺まで車でおよそ十分。浄土宗鎮西派の観通寺は、今井郵便局の右奥にある。同じ浄土宗で近くの西福寺が管理をしている。

少し早めに着いて周りを歩いていると、近くの婦人が顔を覗かせた。昔、白い巡礼姿の人を見かけたことがあるという。病気がちだったご主人のため、お堂の前に御仏飯を供えたりもした。また、近くの方たちが一年交代で年二回、掃除をしているという。

その内に西福寺の住職さんが見えて、観通寺のお堂を開けて下さった。正面に聖観音が祀られる。

建久二（一一九二）年創建と伝えられる観通寺には、木造の「景清観音」が祀られる。正面右方の黒くて細長い厨子《ずし》に秘仏として納まり、八月十七日、夏の御施餓鬼《おせがき》の日に御開帳があり、盆踊りがある。〝目の仏様〟として知られ、秘仏は年二回、御厨子より開放される。

『京都郡誌』にこう記される。

寺伝に云はく、悪七兵衛景清の母、景清を追いて下向し、建久二年七月十九日死亡する時、たとひ我子に対面せずとも、我願足れりといひしとて満願寺、と称し、又母の念力通ずるを以て、観通寺と改む。

観通寺境内の仏たち

上：観通寺本堂内部
下：観通寺本堂

平景清と娘人丸姫との哀話も残されている。元暦二（一一八五）年、源氏、平家の合戦は壇ノ浦で終わる。平家一門の悲話は各地に伝えられていく。

また、『田川・京築の歴史』の中の「浄土宗の伝播」（竹本弘文氏）には、

法然を開祖とする浄土宗が、九州に普及するきっかけを作ったのは、筑前の人、聖光坊弁長である。弁長は法然に師事し、のち故郷に帰り筑後・肥後各地を布教した。建久二年創建の筑後国山本善導寺は、その拠点であった。

この年満願寺（後の観通寺）が創建された。弁長が今井津に上陸し、筑後に向かったのであろうか。

と推測している。

明月や門に指しくる潮頭　　はせ越

観通寺に墓地のある守田家は、沓尾《くつお》の大庄屋を務めた。祖先の霊を弔うため

建てられた松山神社には、芭蕉句碑がある。長い間無住だった旧家の守田家を保存するため、市が修復工事を行っている。

細川忠興公の命により、沓尾浦の開発を成していった今井津の有力者であった守田家。その守田家の十九代の房吉・久子夫婦の墓が、沓尾の香円寺にある。久子は後藤又兵衛の娘といわれる。

仏像や寺社など大事なものが壊されていった明治初め、忠興公ゆかりの静泰院が、北九州市門司区大里から沓尾の香円寺へ移された。いずれ二五〇年前の忠興公と、沓尾浦の干拓事業を請け負ってきた守田氏との大きな縁につながるのであろうか。

守田家の裏の沓尾山一帯には、松山神社や大坂城の石垣に使われた石材の石切丁場が残っている。石材は沓尾湊から運び出された。幕末には防衛のため小倉藩の大砲の台場も築かれ、藩米の積み出しも行われていた。祓川（今井川）河口は昔、今井津の港でもあった。この港から、文化や人々の往来、物資など、たくさんのものが入ってきた。

また、人々は宇佐神宮へも手漕ぎの舟でお詣りに行っていた。前の日の夕方に港を出ていたという。朝方には柳ケ浦あたりに着いたのであろうか。

ザァーッ、ザァーッと、周防変成岩の岩礁帯に当たり、春の潮が砕け散る。近くには、英彦山お潮井採りの神聖な場所である「姥《うば》が懐《ふところ》」がある。今井津、守田家ともにその大きな行事の担い手であった。

めしいたる景清秘仏となりたまう今井みなとにかげろうの佇つ　　悦子

二十三番札所

稗田村《ひえだ》　大吉寺《だいきちじ》

神通の力を頼む里人の歩みを運ぶすえは大吉

▽行橋市下稗田字森八八六

大吉寺は高野山真言宗。寺伝には、天平九（七三七）年創立、天正年中（一五七三～九二）、大友氏の兵火により焼失、寛文元（一六六一）年再建とある（『角川日本地名大辞典　40　福岡県』）。

（京都郡稗田村）下稗田大分《だいぶ》八幡ノ社（応神天皇・仲哀天皇・神功皇后）は新田義氏馬ケ岳ノ城経営の時　筑前国穂波郡大分八幡ノ社を勧請せりと云　社は聊高処林中に在て南向なり（略）社家定村甲斐守　社僧大吉寺あり　石階を下て前に川あり　郡中ノ宗社にして稗田　前田両村の産沙神なり、二月九日　六月廿九日　九月廿九日　小笠原家代参に祭礼を執行す

（「大分八幡社棟札銘文」〔『太宰管内志』〕）

椎田道路から県道58号に入り、今川に架かる天生田橋を渡り、信号を右に入る。中京中学校を左に見て、今川小学校の手前を左に行くと、長峡《ながお》川に架かる銀杏木橋がある。

橋を渡ると、すぐ右手に大分八幡神社の鳥居が見える。そのまま真っすぐ行くと右脇に、稗田小学校と大吉寺入口の案内板が建っている。小高い丘に立つ小学校の脇を左に下るとすぐ左に、大吉寺の広い参道がある。

もともとは大分八幡神社そば、小学校の東側にあったものが平成七年三月、市の要請によって移転新築をする。

左：大吉寺本堂　右：境内のお堂

境内には、数百年の古木の梅や一抱えもある銀木犀などが移された。また、村中にあった仏たちも集められ、お堂が建てられた。以前、大吉寺末寺に祀られていたものと思われる。

案内された本堂の内は美しく荘厳《そうごん》され、正面に御本尊である如意輪観音菩薩像が祀られる。整った全身像、ふっくらと穏やかなお顔。空海帰朝以後盛んに造られたという一面六臂の坐像である。うっすらと長い間の埃を被るものの、光背も像も金色の鈍い光を放ち、代々大事にされてきたものと思われる。観音の両脇の躍動感あふれる二体は、四天王の内の毘沙門天、増長天であろうか。二体の頭の後ろには輪宝《りんぽう》（八鋒）が添う。白い顔は、きっと前を向く。小笠原の奥方様も観音仏へのお参りをされたという。

二十二代大真師は嘉穂郡大分《だいぶ》出身。昭和三十（一九五五）年八月、大吉寺の前住職が亡くなった時、大分に帰郷し、そのまま大吉寺に入り跡を継いだ。

八月十七日は先祖供養の十七観音、夜八時より大吉寺境内で盆踊りがある。近くの婦人が三人、朝からお手伝いをして、赤飯、煮染めものなどを大吉寺の奥様方と用意。それを銀紙にくるんでいただいた。

村の人が次々にお米を持って参られ、お茶を招《よ》ばれ銀紙に包んだ赤飯をもらって帰っていく。盆踊りまでまだ間がある。境内では、大分八幡の宮柱である野田さんが、大きな氷を桶に入れ、缶ビールや缶コーヒーなどたくさん浸けこんでいる。

上：美しく荘厳された本堂内部
下：如意輪観音菩薩像。脇侍に毘沙門天と増長天

境内の端の竹藪には藪みょうがの白い花が咲いている。東に半月が昇り、月のめぐりの雲が夕焼けている。竹藪から抜きんでた数本の竹が空に浮かぶ。うちわを持った家族連れが境内に集まってくる。カッツカッツ、木箱を叩く拍子木の音が聞こえてきた。拍子木は孟宗竹や木である。

アアヨイサノ　ドッコイショ
アラヨイサノサノ　ドッコイサノサー

踊りの輪が少しずつ大きくなっていく。若い女性が身軽く踊り出す。

ヨーイトナー　スイリョウスイリョウ
コラショイ　トコショイ

盆には盆ぎつねがつく、といわれる。宮柱の野田さんからコーヒーをいただく。拍子は女性に替わり、小さい子もうちわを持って輪の中に入り体を動かす。本堂からは鉦《かね》の音がして読経が始まる。この盆踊りは「念仏踊り」と「願成就踊り」からなる。昔、コレラ大流行の折、藩命により各氏社で祈禱、子供相撲、獅子祓、提灯山など賑やかな行事を行うようお触れが出された。また、疫病平癒を神様に祈願したお礼に盆踊りを約束したという。稗田の口説きは調子がのびやかで抑揚がある。炭鉱景気の町に踊りに行ったという。左手に杖の人もずっと踊っている。踊りの最後は「稗田踊り」。

アーヨイヨイ　ヨーイトナ

くるっと回る。結構、振りが大きい。

アリャリャン　コリャリャン　ヨーイトナ

輪の中心へ踊っていく。

上《のぼ》りくる十七日の月まさびしく輪廻転生稗田の踊り　　悦子

二十四番札所

図師村　図師寺《ずしじ》（月輪寺《がつりんじ》）

知る人に知らさる事を尋ぬれば愚痴も妙知の現れにける

▽みやこ町勝山大久保

一月も終わりの日曜日、みやこ町勝山の図師にある紫雲山《しうんざん》月輪寺を訪ねた。曇ってはいるが特別寒くもないし、と思って出かけたのだが、道の駅「豊前おこしかけ」あたりから雪がちらほら降ってきた。

椎田道路を徳永交差点で左に、県道58号を真っすぐ今川を渡り、勝山大久保で左の県道242号に入る。すぐ左に大原八幡神社、曼荼羅寺があり、そのまま行くとゴルフ場「勝山御所カントリークラブ」が左に見えてくる。雪の舞う中、ゴルフ場が左に見え隠れしながら図師に入っていく。三叉路に来ると県道242号は左にトンネルを抜けて犀川へ。三叉路の端に車を停めて、少し狭い道を奥図師へ上っていく。昨夜からの雪で奥図師はすっぽりと白く覆われていた。

最初に月輪寺を訪れたのは、平成二十二年十月。みやこ町図師には紫雲山月輪寺があると聞き、境内で写真を撮っていると、すぐ近くにお住まいの山本絢子さんから、月輪寺に祀られている親鸞聖人の「御真影 御由来の記」を頂いた。

〝図師〟名については『豊前志』に、景行天皇の御厨子を安置した所ではないか、とある。このあたりでは御所ケ谷など、景行天皇にまつわる地名が多い。しかし、『香春社記』の中で「図師役」という史料の紹介をしており、豊前国の図師で下級の国司であった人が徴税を請け負った土地で、〝図師〟という地名がついたという（『京都郡誌』）。

上：月輪寺本堂
下：月輪寺内部

本堂の前には、門懸松が植えられている。山本さんがお堂の戸を開けて下さった。昔は天台宗であったといわれているが、現在は浄土真宗である。お堂内の正面には、本尊の木造阿弥陀如来立像。その左に観音菩薩坐像が安置されている。

蓮台の上の観音像は高さ三四・五センチ。檜の一材で彫り出され、元は髻《もとどり》を結い上げていたと思われる頭には頭光、両手は腹前に重ねて禅定を結ぶ。観音らしからぬお顔は少し角張ってはいるが、静かで厳かでさえある。衣は赤く彩色され、頭光、お顔や胸、手などには漆箔がなされている。

像の底に墨書があり、慶長十（一六〇五）年十一月十八日、村の安穏や家内安全など多くの願い事が書かれている。発願者は図師の人で、求菩提山の仏師の制作。

それから一五〇年後の寛延二（一七四九）年七月七日に彩色修理をしている。修理を発願したのが庄屋の井上又右衛門賀、修理彩色は京都三条田町の仏師菊井元。今もって色鮮やかである。

月輪寺は以前、少しばかり上にあった。昭和二十五（一九五〇）年に現在の所に移ってきている。観音様も御真影様も、新しい寺に移された。今でも地区の人々に大事にされ、観音ともども長く村の宝となっている。

二月十七日の十七夜、三月三十日の報恩講、八月十七日の十七夜、十一月終わりの御正忌等々。

月輪寺の少し上に住む八十三歳の村上カツエさん方には、以前、月輪寺の住職をされていた田原かく然師の甥夫妻、田原慧然・徳乃さんから毎年、年賀状が届く。

田原かく然師は、無住となった寺院の復興のお手伝いをしていた。甥の慧然師も幼い時から二十歳頃まで月輪寺にいたという。今は長崎在住だが、懐かしくて御夫妻で訪ねて見えたことがある。月輪寺の次には、国作の寺へ入ったという。月輪寺へのお参りは、現在は犀川の慈光寺の若い御学僧・山下慈生氏である。

図師の後の山には十鞍山《とくらやま》がある。鉄光坊《てこんぼう》と呼ばれる山もある。どちらも英彦山と関係があるらしい。十鞍山には平氏の城があったという。英彦山の山伏に攻められ、城は落ち、姫も殺された。宮ケ岳と呼ばれていたという。権現社、若宮社があり、大きな舟石があったとも伝えられる。

旧犀川町との境の鉄光坊の山頂には、「龍王大権現」を祀る祠がある。百年間、苦しい修行をしてきて龍神になれなかった大蛇が祀ってあるという。今では麓の清地《せいち》神社に祀られる。以前は五月八、九日の宮座のお籠りの時にはお弁当を持ってお参りをした、と麓の田中さんは権現山を見ながら懐かしそうに話す。

山からは犀川の生立《おいたつ》神社の、勇壮で華やかな神幸祭がよく見えた。峠道を通れば三十分で行けるという。権現谷には山伏が住んでいたともいう。

英彦山の豊前坊にも近く、大宰府へ続いた官道も近くを通る。新町は宿駅であったので、七、八軒のお大師講組の人たちがお遍路さんを泊めていた。

ものがたり抱《いだ》きて愛《かな》し奥図師の山も里をも雪に隠せり　悦子

二十五番札所

法正寺村　法正寺《ほつしようじ》

法性の身とは誰しも知なから解脱を得さる人はかなしき

▽京都郡苅田町大字法正寺

法生寺について、『太宰管内志』に次のように書かれている。

平尾台山地の東麓、白川谷の西入口の位置にある。古処山明護院と号し、寛治元（一〇八七）年、根来寺の開祖覚鑁《かくばん》が谷村に創建。往古は七堂伽藍を配し、寺田八町を誇っていた。永禄年間、兵火によって焼失したという。

二月も終わりの暖かい日、平尾台はうっすらとかすんで見えた。平尾台を左に見て国道201号を真っすぐ走る。行橋市中津熊《なかつくま》を左折、県道28号より64号へ。法正寺のバス停左上に貴船神社があり、境内には庚申塚や古墳がある。観音堂は神社の右の細い道を上ればいいと、地元の若者が教えてくれた。

山道ながらコンクリートの道を上ると、丈の低い門があり、そこから石段となる。左の石柱の前に「法正寺大師堂」との案内板がある。右の石柱には杖が数本、立てかけられている。その一本を借りて上る。

青く苔むした石段を百段上ると、観音堂（大師堂）が建つ。右に小さな籠り堂も

杖が置かれてある参道

ある。観音堂の右の軒下から、ねじれにねじれた梅の古木が伸び出て、白い花が盛りである。

観音堂には「新四国五十四番」の札が掛けられている。堂へ上がると正面に、弘法大師のふくよかな坐像が祀られ、右脇の奥には不動明王が彫られている。

左の一角には、三体の大師像に囲まれるように、赤松円心帰依仏と伝えられる伝教大師（最澄）像が、薄く埃を被ってひっそりと祀られてある。

上：大師堂（観音堂）
中：大師堂内
下：籠り堂

くもりなきかがみのえんとながむればのこさずかげをうつすものかな
沙門現仁

堂の後ろから水の落ちる音がする。堂の右を裏に回ると、注連縄《しめなわ》を張られた大岩の割れ目から、滝のように清水が噴き出している。榊《さかき》の枝が伸び、滝の前の岩上には不動明王、観音像が祀られる。

観音堂の周辺には大きな岩が多く、山道の石段も、あるいはそこらあたりのものを使ったのではと思っていたら、神社のすぐ横で畑仕事をしていた方が、観音堂の発起人だったという祖父のことを話してくれた。昭和二十五（一九五〇）年頃だったか、地元の人たちの奉仕で石段は築かれた。山の石ではなく、下から持ち上がったものだという。

参道も堂の周辺も、きれいに掃除されている。大師信仰の人たちがいつも気をつけているのだという。

法正寺のあった谷区の小字に総門、下総門、石走、薬王寺などの地名が残り、「土地宝典」にもその場所が記される。平安時代後期創立の七堂伽藍が、ここにあったことを示している。

大師堂の後ろの諸仏（上）と湧き水

七堂伽藍を備えた法正寺には阿弥陀堂もあり、その本尊が永禄年中（一五五八～七〇）の兵火を除け、後に稲光の専光寺の本尊となったと推察されると、「等覚寺の松会」の案内書中に阿弥陀像の写真とともに記載されている。また、法生寺は山岳修験の等覚寺《とかくじ》とセットの関係にあった、ともある。

等覚寺の白山多賀神社の背後地から出土した銅製経

筒（建久五〔一一九四〕年の銘）は、おそらく谷の法正寺が注文したものであろう、とも書かれている。

法生寺、谷地区とも隣りに稲光地区があり、田植えの済んだ田の中道を進むと、一段高く専光寺の甍《いらか》が見える。元天台宗で現在は西山浄土宗の専光寺の住職は、二十四世福井弘道氏である。二十三世の父親は第二次世界大戦に従軍されたという。

鎌倉時代の作であろうといわれる阿弥陀坐像は、まだ若いお姿で、上品下生《じょうぼんげしょう》の来迎印を結ぶ、天台の阿弥陀様である。昭和後期、二十三世の父親存命中、修復をしている。何度か修復をしているので文化財にはならなかった。

平成三年九月二十七日、豊前地方を襲った台風十九号は、周辺の電柱を倒し、樹木を根こそぎ倒した。専光寺の天井も壊れてしまった。

また、幕末期には火事があり、阿弥陀様は門徒に背負われて助け出された。

「古処山法性寺明護院縁起」に、慈覚大師正作と伝えられる本尊の如意輪観音は、寛文十二（一六七二）年、藩主の命で他寺に移され、本尊に祀られたとある。

その替わりに藩主から、伝教大師正作、赤松円心帰依仏を寄進され、永禄年間兵火で焼失していた寺院も再興された。天明年間（一七八一〜八九）の「寺院聚録」には修験とあるので、明治の廃仏毀釈で滅亡したのであろう。


石を拝み清水尊びこし祖先《みおや》やまととよくに真幸《まさき》くあらん　　悦子

二十六番札所

等覚寺村　等覚寺《とかくじ》（東伝寺《とうでんじ》）

雷に恐るる鳥の声だにも大慈大悲の法りにもれめや

▽京都郡苅田町山口等覚寺

東伝寺［藤井撮影］

等覚寺について次の記述がある。

白川村山口字等覚寺にあり　もと石坂にありしが今は東伝寺内に移転せり

（『京都郡誌』）

天平六甲戌歳慧空上人監塔建立、天長七年中興也、天暦年中に至り、修験の法を修めて　復た盛也、応永年中の戦争に烏有に属せしが、後年を経て白山権現と称へ　神殿再築す、明治五年茲に移転す

（「京都郡寺院明細帳」）

天暦七（九五三）年、谷之坊覚心によって修験道が創始。天台宗で等覚寺の修験の菩提所として建てられ、昭和十三（一九三八）年に建て替えられた。

二十五番札所の法正寺を過ぎ、谷公民館の脇を左に等覚寺地区へと向かう。東伝寺へは約二・五キロ。杉、檜の植林を抜けると、右下方の谷の先に明るくス

上：東伝寺内の仏
右：落ち椿の東伝寺参道

ポットのように行橋市内が現れる。

それより少し上ると左の山際に、東伝寺への石段がある。百日紅《さるすべり》の赤い花が登り口に咲く。一五一段の石段を登ると右に大きな梛《なぎ》の木、左には杉の木が立つ。

あまり広い境内ではない。太く堅《し》まった梛の木は、幹に青い苔や皮のはがれた跡がモザイクのようになっている。

区長で寺の世話人でもある森下義高氏が錠を開けて下さる。

森下さんが子供の頃から変わらないという本堂の

本尊は阿弥陀様である。その左方には、ほぼ等身大の十一面観音像を中に、左に不動明王像、右に毘沙門天王像が立つ。普智山等覚寺の講堂に祀られていたであろうと思われる。三体ともうっすらと埃を被っている。県の調査で、江戸後期、天明（一七八一〜八九）の時代ではないかといわれている。

また、五〇センチ程の黒い厨子の中には、金色の準胝《じゅんてい》観音が祀られてある。左の八手は欠けているが、右手の九手が残り、龍人二体が捧げる形で、蓮の花茎の上に坐している。前には最澄さんの小さな坐像が置かれる。

等覚寺が一番盛んな時には三百坊といわれたが、森下さんが子供時分には五十戸ばかり、戦後は三十余に減り、現在は十三戸となった。

東伝寺の近くの森下さん方の入り口には、小さい祠に地蔵尊が祀られている。元は各戸に置かれていたものという。

森下さん方の小堂に祀られる地蔵尊

等覚寺の奥の院でもある青龍窟には、たくさんの小さい地蔵尊が埋められていた。苅田町歴史資料館に数体が展示されている。江戸時代より以前、室町時代に遡るのではないかといわれている。

〝中の坊〟と呼ばれる森下さん方には、山からの水が樋を伝って流れてくる。横の水路の水は下って山口ダムに流れこむ。飲食用には井戸が掘られているのだが、竹樋を流れてくる水は山の恵みにも思えてくる。

二十日の日曜日には皆で東伝寺の掃除をするという。

東伝寺には年に三回、田川の神宮寺がお参りに来る。五月八日、八月十六日、十一月二十三日である。二十三日は祭日でもあり、外に出ている等覚寺の人たちも帰ってくる。

東伝寺を後にして道を上ると、松会《まつえ》で有名な白山多賀神社がある。松会は一千年以上前から伝わる行事で、「等覚寺の松会」として国の重要無形民俗文化財になっている。毎年四月の第三日曜日に、大勢の観光客が集まる。その日、神官が小さい子供に〝すじ切り〟をしてくれるという。母親が子供を背負ってやってくる。

また、白山多賀神社には「豊玉姫図」や、「釈迦三尊図（彦岳徹玄）」などが遺っている。

神社をあとに道を左に行くと、等覚寺の奥の院でもある青龍窟への道となる。公園化され、桜やもみじが植えられている。

先ほどの道を右に取れば、北谷の集落があり、大きな案内板が立つ。すぐそばに等覚寺味噌、松会《まつえ》漬など等覚寺の特産品の加工場があり、地区の女性たちが働いている。地元で採れた大根や人参が使われるのである。

森下さんの奥さんを訪ねて加工場を覗く。白い作業着の一番手前でお仕事されていた女性が顔を上げた。葉山椒や瓜の粕漬けなどを頂いた。

北谷からの眺めは素晴らしく、遠く豊前の宇島、豊後の由布岳が見渡せる。近くの棚田には自家用米であろうか、稲架《はさ》掛けの稲が見える。

道をそのまま下り、山口ダムの脇を通り過ぎて下ると、等覚寺を一巡したことになる。

軒の端に干柿むしろにとうがらし等覚寺本谷中之坊往く　　悦子

曽根《そね》村　梱寺《しきみでら》（謹念寺《きんねんじ》）

▽北九州市小倉南区中曽根

二十七番札所

罪深き人をたすくる梱寺鐘の響の絶ゆる間もなし

樒山謹念寺《しきみさんきんねんじ》

中曽根市場ニ安置セル観世音ノ仏像ハ、白鳳年中、海中ノ藻屑中ニ光明ヲ放チ居リシヲ、甲冑ヲ具シタル一人ノ武士之ヲ捧ゲ……此ノ武士剃髪シテ道鎮ト号ス。後年堂ヲ市場ニ建立シ、毎月六日市ヲナセリ。依ツテ此地ヲ市場ト云フ。堂宇ハ、永禄四年ノ春、大友ノ兵火ニ罹レリト云フ。

（『企救郡誌』資料「謹念寺縁起」）

他に「小倉領修験所掌録」、「企救郡寺院開基録」、「樒山謹念寺縁起」などに謹念寺の記録が残っている。

一月も松が明けて八日、二十七番札所謹念寺（真言宗、元天台宗）のある小倉南区中曽根を訪れた。県道25号（中津街道）を下曽根から左に一つ入った、少しばかり細い道を車で行くと、浮津島《うきつしま》神社（荒神森古墳）が右手にある。そこから少し先の左側にダスキンの営業所があり、向かい側が謹念寺である。

境内に入って右側に「樒山歴代の塔」がある。正面に本堂が建ち、その横手に数本の樒の木が青々と繁り、薄黄みどりの蕾をつけている。

観音堂前には石柱が建ち、「足立西国第二十五番霊場」と書かれている。以前に較べて狭くなったであろう境内には、五輪塔がある。

上左：樒山歴代の塔
上右：本堂
右：境内の小祠

謹念寺と住職を兼務している北方《きたがた》の宝明院に伺い、住職にお話を聞くことができた。平成十七年に亡くなった、祖父で六十二世の別府嘉和（僧名信戒）氏は、学校の教師をしながら謹念寺を守ってこられたが、三十年ほど前に宝明院の住職にも就いた。

中曽根にある謹念寺は、「企救郡寺院開基録」に「曽根樒寺」と出てくる。「元禄二（一六八九）巳年、永貞院様より菱御紋御幕挑燈御厨子付」とある。

寛永年間（一六二四〜四四年）、小笠原忠真公は、謹念寺中興の祖、五十一世林学坊の時、来寺し、祈願寺として良田を賜っている。境内の「樒山歴代の塔」には、小笠原公の三階菱の紋が彫られている。

謹念寺の前のダスキン営業所の場所には茶室が建ち、馬で来られた忠真公は茶室に休まれた。駐車場の東北隅に小祠を祀ってあり、脇に大きな榎であろうか、遺っている。

罪深起人遠助久留樒寺　鐘濃響之絶留間毛那志

左：謹念寺本堂内　右：御本尊の観音様は秘仏で厨子の中

（御詠歌「榁山謹念寺縁起」）

榁寺と名付けられた由来も「縁起」に記されている。

永正五（一五〇八）年、別府氏が当山の再興を計り、本山の入仏供養を営む時、堂内に盛られた榁が、風もないのに揺れ動き、本尊の観音様もお参りの人々も喜ぶ験《しるし》であるとして、それよりますますお寺も市場も栄えて、人家も多くなっていった。

現住職の曾祖父、六十一世別府一馬氏の時、昭和初めの県の資料にはこう記載されている。

大友軍の兵火に遭ひながらも観音像を守りきて、昭和四年には、作者不詳なるも、千二百五十年祭を執行せり。

一馬氏は英彦山の坊の一つをまかされていたともいわれる。

その県の資料を見て、二年前に福岡市博物館の学芸員が調査に見えた。謹念寺に祀られている菩薩形立像は一木造りで、製作年代は奈良時代末から平安時代初期と考えられ、北部九州最古の木造彫刻とされる。

兵火に遭いながらも、その都度、その時代の住職に助け出され守られてきた御本尊の観音様。その御本尊様は秘仏で、三十三年に一度だけの御開帳となる。長年のご苦労で観音様は老朽しているが、住職はやはり、御本尊としてお参りしている聖観音様が一番尊いと言われる。

平安時代の如来立像、小倉城に祀られていた不動明王など大切なものばかり。他に兵火から守られたものに、宮本武蔵、宮本伊織の守り不動といわれる不動明王像も遺る。伊織が島原の乱の戦功を祈ったとされる。

毎月十七日の夕方からは観音講が開かれる。昔からの信者数名が集まる。以前は御詠歌をあげていたが、今では観音経が上がる。

樒山謹念寺に深く関わりのある亀の甲大師堂も近くにある。


樒寺と云われて久し堂に添い樒みどりの花蕾を持てり　悦子

二十八番札所

長野村　長野寺《ながのじ》（大嶽山《おおだけさん》観音寺）

行末を頼む長野の観世音此疑をはらし玉へや

▽北九州市小倉南区長野本町四丁目

庭の枝垂れ紅梅がようやく花を開きはじめた。一週間から十日ばかり遅れた花々も、遅れた分、花数が多く賑やかさが増してきている。

十五番札所から後の札所は、すべて国道10号を豊前市から北上することになる。何度も往き来した道を、二十七番札所の小倉南区中曽根の手前から左へ行き、長野川《ながのがわ》橋を渡り、「長野」から左へ入る。少しばかり狭い道を西南に、下長野公民館、玄福寺（浄土真宗）を通り過ぎ、すぐ右上の住宅の脇を通り、観音堂へ行く小道がある。

平成二十四年二月半ば、初めて観音寺を訪れた。村中を流れる長野川を渡り、家の建て込んでいるあたりの背戸道を行くと、町内会長さんは庭におられた。紹介して下さった方は、観音堂のお世話をしている関山イチ子さん。地区の人たちと月々の十七日の観音の日に、掃除をして御詠歌を上げている。

「四国三十二番札所」の石柱

住宅地を抜けると、めぐりには田畑が広がる。すぐそばの畑には、大きな黒い鉢にブルーベリーの苗が植わっている。

道路から畑の中の小道へ上がり、竹林のそばの観音堂へ歩く。五、六段の石段を上がると両脇に石灯籠が建つ。「四国三十二番札所」の

上左：修行大師像
上右：観音堂
右：十三仏が並ぶ

石柱もある。正面に観音堂、右脇に長く十三仏が祀られる。十三仏は十三回の追善供養に関わる仏様たちだという。

四国八十八カ所めぐりをした翁が土産に持ち帰ったという高野槙が青々と繁る。境内左の竹林の前には、赤い帽子を被り修行大師像が建つ。そこに長年月立ち続けて、石の台も像も青く苔むしている。石の顔も所々が欠け落ち、右足が損傷しているのを、地区の人たちで補修している。長く伸びた南天の赤い実が大師像に添う。

観音堂の入り口には、木版の御詠歌が掲げられている。また、「二市一郡新四国霊場三十二番札所長野観音堂」とも掲げられている。四月の初め頃、巡礼が廻ってくる。

観音堂は貫《ぬき》小学校の奉幣殿の材料を移したもので、屋根がぐっと反《そ》っている。その昔の貫氏と長野氏の関わりの深さを思い浮かべる。

関山さんが観音堂の戸を開けて下さる。月々の十七日に地区の方々で掃除をし、御詠歌をあげる。正面に観音菩薩立像がお厨子に入れられてある。髪、髻《もとどり》を青色に、全身を金色に、左手には蓮華の花を持つ。両脇に石彫像

観音堂内の観音菩薩立像，馬頭観音像

が坐る。

右の馬頭観音坐像は、頭に三面を持つ。農村地帯である長野村では、昔は牛馬を農耕に使っていた。その牛馬の保護神として、江戸時代に広く信仰されたようである。

弘法大師坐像、水子地蔵の祀られた御内仏には、花がたくさん生けられ、菊、千両の実の赤があふれんばかりである。

正面、御内仏の下に、馬頭観音や、地蔵尊の御詠歌なども書かれている。

そのかみはいくよへぬらんたよりをばちとせもここにまつのおのてら　（馬頭観音）

おさなごがそでにすがりて地蔵尊もののあはれは朝顔の花　（地蔵尊）

四月十七日は花まつり。昔はお供えする餅を搗いていたが、今では紅白のまんじゅうが供えられる。

ここの観音様は火を防ぐことでも知られている。

堂の前の畑には大きな柿の木がある。百年以上は経つであろう柿の木には洞ができている。種類の違う柿の枝を二本接《つ》いでいるため、一本には甘柿の丸い実が、もう一本には長くて大きな渋柿が成るという。〝はがくし〟という名を持つ渋柿の大きな実は、塩水に浸けて渋抜きをする。

観音堂前の畑にある大きな柿の木［藤井撮影］

大きな柿の木は、ここで生まれ育った関山さんが覚えてからも今も、大きさは変わらない。

堂のそばの柿畑や竹林はよく手入れをされている。観音寺の竹林にもそろそろ、たけの子が地中に宿っている頃でもあろうか。

一週間後、二度目に訪れた時には朝から雨であったが、関山さんは観音堂を開けて待って下さっていた。

閏年の今年は、観音札所へのお参りは、した方が好いのだという。この里人の願いでもある。

花白きなずなをほたるぐさと呼ぶ企救郡長野寺観音の里　　悦子

二十九番札所

滝川《たきがわ》村　菅王寺《すがおうじ》（滝寺）

御法をば千筋の糸により分けて光を放つ滝の観音

▽北九州市小倉南区道原五三三

七月二十八日の午後、深い緑に包まれた菅王の滝の流れには、夏休み中の子供たちの水遊びをする姿があった。豊かな緑の山から、繰り出されるように流れ落ちる滝水の清らかな流れと、天然の日除けのみどり、好いことずくめの水浴びの場である。

九州自動車道を小倉南ＩＣで下り、徳光交差点を左に県道258号を行くと、「菅王子、菅生の滝」への表示板があり、道を右に取る。

「護国山」の扁額

山際には緑の間に赤瓦の家が散在する。雪の多い所でもあろう。昭和五十（一九七五）年頃までは、藁屋根の家も多かったという。

菅生川を左に道を上れば、熊蟬の声が聞こえてくる。水田も多く、畑にはハウスにトマトや夏野菜の苗が育つ。道原《どうばる》浄水場を左に見て上り、右に護国山菅王寺、修験道菅王寺奥の院、須川神社、菅生の滝へと続く。

菅王寺の駐車場に車を置き、右山手側の本堂正面の石段を上ると、山号の「護国山」と古額が掲げられ、右に「二市一郡新四国霊場　第八十一番札所、本山修験宗菅王寺　本尊薬師如来」と書かれた看板が掛かる。

十五代清川滝弥氏（故人）夫人の光子さん（大正十二年生、八十九歳）が本堂を

上：菅王寺本堂
下：本堂内仏

案内して下さった。十三代にも同名の清川滝弥さんがおられて、菅王寺中興の祖といわれている。

本堂の正面中央の祭壇には薬師如来が祀られる。左側の祭壇には、小倉の真宗寺院から預かったという阿弥陀仏が祀られる。右側の祭壇には不動尊が数体祀られ、空海の坐像も置かれる。十四代の住職の折、仏様は皆尊いものだからと頼まれ、引き受けられたものという。

東谷の在家より嫁してこられたという光子さんは、多喜女（瀧女）という俳号を持つ。

水子仏子守唄とす昼の虫
乳せり泣きぴたりと止みしほととぎす

多喜女

現住職は十六代の雅俊《がしゅん》氏。明治以降、廃仏毀釈により大きく変わった寺を守り、代々の住職は学校の教師を

不動明王像

勤めた。

檀家のない寺として、新聞に載ったこともある。電気が来たのが雅俊氏が高校生の時だという。岡山や四国から一年に一回尋ねてくる巡礼者もいる。

戦時中には、尺岳《しゃくだけ》に高射砲が置いてあって、兵士が十数人寺に宿泊していたという。

境内には滝からの水が流れ、不動明王、十三仏などが置かれる。銀杏樹、しだれ梅など季節の花々が植えられている。皇帝ダリアも丈を伸ばしている。

寺に置かれた「菅王寺の由来」によると、紫川の源泉、菅王の滝を背景として栄えた修験の道場である。欽明天皇（五三九〜七一）の御代《みよ》に、百済の国の菅王子が筑紫の海岸に上陸し菅王の滝へ籠る。

十数年後、侍臣の智賢上人が王子の後を慕ってこの地へ来る。上人は、菅王滝山内に王子の霊を祭り、山麓に草庵を結び、菅王権現を祀る。菅王寺の開祖は智賢上人である。

弘仁年間（八一〇〜二三）、英彦山の座主法蓮上人が入山し修験の道場として栄えた。滝の流れの左右には四十八坊が建立された。

江戸時代に入って、細川、小笠原藩主の祈願所として、厚い信仰と庇護を受け、豊前国一帯の民衆を信徒とする、一大信仰の場となる。

本尊薬師如来の効験は、病気平癒、災害済除、諸願成就の祈願の霊場として知られる。

明治五（一八七二）年、「修験道禁止令」によって修験道はほとんど壊滅するが、菅王寺は本山修験宗を守っていっている。

菅王の滝は三段になっている。一の滝が一番大きく滝壺も深い。横にぐるっと注

菅生の滝［藤井撮影］

連縄が張られていて権現様が祀られる。その前には三本の大きな杉の木が立つ。約三百年前、小笠原忠雄公の時、権現祠の寄進や参道の石畳、杉、楓、桜などが植えられた。道原村氏子の寄進により、馬場筋左右に桜を植えている。盛時は見事で、巡礼者も多かったに違いない。

美しい谷には伝説もまた多く生まれる。

文亀三年（一五〇三）、九州一円が大旱の年、雨乞祈願の人々が菅王の滝に延々と続いた。ある夏の夕方、一人の美少女が菅王寺の門を叩いた。それは宇佐郡東椎屋の滝から尋ねてきた、大蛇の化身であった。

法蓮上人が滝寺の道場を開き一切経を蔵めた時、番《つが》いの夫婦蟹が滝川の流れを根気よく硯の水に運んだという。また、白蛇、金龍伝説も語り継がれている。

（参考文献「三谷むかし語り」合本第二巻、平成十年三月刊、西谷市民センター）

地の闇を抜け出で浄き滝水の光あふるる菅王寺の森　悦子

三十番札所

鏡山《かがみやま》村　四王寺《しおうじ》

▽田川郡香春町大字鏡山八二八

我人をたすけたすくる観世音鏡の山を照らす春の陽

豊前から勝山へ、仲哀トンネルを抜けると香春《かわら》町鏡山である。国道201号の左に道の駅「香春　わぎえの里」がある。左前方に香春三岳が並び、駐車場から前方に鏡山地区が広がる。

岩戸《いわと》破《わ》る手力《たぢから》もがも手弱《たよわ》き女《おみな》にしあれば術《すべ》の知らなく

手持女王《たもちのひめみこ》

梓弓《あずさゆみ》引き豊国《とよくに》の鏡山見ず久ならば恋しけむかも

按作村主益人《くらつくりのすぐりますひと》

鏡山地区には万葉歌碑が多い。鏡山大神社の森の山際に手持女王の歌碑が建ち、並びの山に小高く河内王《かわちのおう》の陵墓がある。

歌碑をめぐりながら、鏡ケ池への上り口を同じくして、手前右の山手に四王寺がある。この谷を土地の人は「古野《ふんぬ》の谷《たに》」と呼ぶ。鏡ケ池、四王寺、池の上方には手持女王と関わりのある石祠があるという。

元福山《げんぷくざん》四王寺は、開基の時代は分からないが、天台止観の道場として、七堂伽藍からなった壮観を呈し、持国天・広目点・多聞天・増長天の四天王を祀り、藩主などの祈願所となり崇尊されていたと伝わる。

当時は四王寺ケ岳の中腹、笠松《かさまつ》、寺河内《てらがわち》の地にあり、しばしば兵火に遭い、元祿十二（一六九九）年から文政（一八一八～三〇）の間に今の地に移して再建、その後、明治三十（一八九七）年に堂を建て替え今日に至っ

上：四王寺内の三十三観音像
下：四王寺（鏡山公民館）

ている。

参道の石段を上がった所の左に、「相川仙吾源景輝霊神碑」と刻記した自然石がある。四王寺塾生（寺子屋）が先生の徳を慕って明治元年に建てられた。四王寺塾は旧鏡山村唯一の寺子屋であった。

境内は狭く、鏡山地区の公民館と併設して使用されている。お堂には「元福山四王寺」と札が掛かる。また「田川西国東部第十二番札所」とも掛かっている。

区長さんが戸を開けて下さる。堂内の正面には如来像が祀られ、前左右には古仏の坐像が安置されている。

西国札所の三十三観音が、三段ずつ両脇に置かれる。四王寺に参るだけで西国札所めぐりの観音様に会えることになる。左隅には弘法大師像も置かれる。

戦前までは僧侶がおられたが、のち無住となり、浄土宗の光願寺の僧が参られる。八月十日に観音祭、二十四日にお地蔵様のお参りがある。今では公民館行事として子供たちを中心になされている。千日参りには「なむあみだぶつ」と唱えながら数珠を繰る。無縁仏の供養もある。昔は境内で盆踊りもしていた。

寺の裏手は墓所となっている。

豊国《とよくに》の鏡の山の石戸《いわと》立て隠《こも》りにけらし待てど来まさず　　手持女王

四王寺の上、地区の一番上の柳井秀清氏の私有地の中に、神功皇后にゆかりの鏡ケ池がある。池のめぐりの樹々を囲って注連縄が張られている。

めぐりは紅葉した木々が美しく、地は掃き清められていた。新しく盛られた土には「こいの墓」もある。池に飼われていた鯉であろうか。樹々の下には、槇やかえでの稚苗がたくさん育っている。

万葉歌にも多く歌われた「鏡山」とは、どの山であろうか。山々の重なる中に、国道201号からもよく見える、三角形の姿の良い山がある。麓に寺河内の池があり、池の向かいに四王寺の旧跡があるという。池の土手は萱《かや》で覆われ、池には冬鳥が羽を休めていた。

大昔、磯津《しづ》山と呼ばれていた山が鏡乃山となり、四王寺ケ岳となり、四方《よつたか》となった。「方《たか》」とは、上あるいは上方、地所とも『全国方言辞典』（東京堂出版）に出てくる。

天智二（六六三）年、白村江《はくすきのえ》の敗戦により、翌年、大宰府防衛のため糟屋郡宇美町・大野城市・太宰府市にまたがる四王寺山地に、南西に向かって長城《ちょうじょう》ライン（水城《みずき》）が形成された。

山頂には宝亀五（七七四）年、国家鎮護の四天王寺が建立される。その後、日本海側の山口県長門、島根県の出雲、益田にも四天王寺が築かれる。

平成二十四年十二月末、四王寺山地の一角にある古野遺跡より、未開封の経筒が出土したと発表された。

古えの人の心に映りたる鏡の山を遠く見て立つ　　悦子

三十一番札所

内田村《うちだ》　朝日寺《ちようにちじ》

有がたや拝む朝日のかん世音唯不可思議の徳を顕す

▽田川郡赤村大字内田鋤園三八四八

豊前市からは少し遠回りになるが、久路土《くろつち》を出て広域農道に入り、天地山《てんちざん》トンネル、尾越《おごえ》トンネルと抜け、犀川から県道34号、418号を走ると右に、戸城山《としろやま》、左に赤村役場が遠くに見えてくる。ほどなくして、右手に大祖神社が見えるあたりから村中へ入る。赤村には苺や切り花などの野菜ハウスが多く、白菜畑も広がっている。狭い車道の上り口に「三十一番札所」と書かれた石柱があり、少し上ると駐車場がある。大内田研修センターから、地区で一番の高台に瑞宝山《ずいほうざん》朝日寺の建物の右半分が見えている。

駐車場からは広い参道の石段があり、手前左の石柱に「朝日寺」、右の石柱には「仏教婦人会」と刻まれている。手すりのついた石段を上り鐘堂をくぐる。

境内奥には大きな屋根のどっしりとした朝日寺本堂があり、左に庫裡《くり》が建つ。右奥の山手に墓地が見える。本堂の前の桜木の下あたりに十三仏が並ぶ。また、旧豊津町の信者が寄進した高さ三メートルばかりの層塔が建つ。軸部には四面に仏が彫られてあり、層塔の前に置かれた二仏も古びている。

朝日寺は天台寺門宗園城寺直末、住職は十二代熊谷氏。住職の開けて下さった本堂の内には、正面に秘仏の聖観世音像がお厨子に納まり、前面には磨かれた銅鏡が置かれていた。正面中央の梁には、住職の書かれた御詠歌が掲げられている。観音講の折や法要の時などに皆で唱和するのだが、信者の方々は皆さん諳《そら》んじている。

「朝日寺本尊　聖観世音縁起事」によれば、延暦二十二（八〇三）年、伝教大師が渡唐に際して宇佐八幡宮に

上：朝日寺本堂
下：境内の層塔

詣で、のち田川郡の香春明神に詣でて人々に講話をした。多くの人々が大師に帰依《きえ》する中に、戸城山《としろやま》の郷士である内田四郎兼行がいた。兼行は大師に深く帰依し、大師の彫られた観世音像を戴き、一宇を建立（弘仁六（八一五）年冬）したと伝える。

また、建武二（一三三五）年、南朝方の菊池武重は、戸城山を築城するため朝日寺の観音に祈願し、寺も再建する。しかし建徳元（一三七〇）年、幕府より豊前の守護職に任じられた畠山義深に攻められ、戸城山城は義深の居城となった。

朝日寺は、慶長年間（一五九六〜一六一五）、座《ざ》主《す》偶庵《ぐあん》法師の代に現在地に造立され、享保十五（一七三〇）年に再建された折に、聖観音像の「開扉の例」を定められたと伝えられる。聖観音像の御開帳は三十三年ごとと決められているが、朝日寺にとって特別な行事の際には御開帳されることがある。

昭和三十二（一九五七）年四月十七日、現住職が十二代を継がれた折には御開帳された。戦後早くに父親を亡くしたため、十一代を母親和女氏が継ぎ、朝日寺を守っていかれた。現住職が僧職を継ぐまで、九世（曾祖父）の高弟であった常照師が教師となり、裕昌氏を育てた。常照師は高齢であったが、朝日寺の御縁起、歴史などを書き写して残している。

朝日寺の行事は次の通りである。

一月十七、十八日　信者祈禱会
七月十七、十八日　本尊大祭
十二月十七、十八日　宗祖大師会

朝日寺では数年前まで、田川西国東部札所の観音講が行われていた。朝日寺が三十三番の打ち止めで、信者や加勢をした近くの人たちもお堂で御詠歌、お経が上がり、御講話が開かれた。

また、近畿の西国三十三所に詣でて持ち帰った札所の砂を袋に詰めたものを、白いさらしの布の三十三カ所に縫いつけ、それを円いドーナツ形にしてその上を踏みめぐる。「本西国まいり」という。「お砂踏み」、「土砂踏み」とも呼ばれ、お堂の内で行われる。居ながらにして西国札所めぐりをしたことになる。住職夫妻も数年前、数回に分けて西国札所めぐりに参加した。

朝日寺には豊前三十一番札所であるお札と、戦時中に兵士がお守りとして身につけた「観世音守護」と書かれた〃身代り観世音〃（三×四・五センチ）の小さな板のお札が遺っている。

「明治二（一八六九）年巳五月、九代小笠原忠幹《ただよし》公夫人貞順院様」と書かれた木札には、「金壹封寄付」の文字がある。藩主小笠原忠幹公が亡くなり、明治二年六月、十代忠忱《ただのぶ》公（豊千代丸）が香春藩知事となる。香春藩は明治二年七月から十二月までの半年間であった。明治四年、忠忱公は職を解かれて東京へ行かれる。

朝日寺には、小笠原氏が入国してより明治期まで、〃江戸鏡〃と呼ばれる銅鏡が奉納されている。

帰りしな、庫裡の裏庭の紅い濃淡の花をつけた椿の一木に目を奪われてしまった。

お守りを身につけ兵士の旅立ちし身代り観世音の木札小さし　　悦子

上：庫裡裏庭の椿［藤井撮影］
下：朝日寺のお札

三十二番札所

香蔵寺《こうぞうじ》村　高座石寺《こうざうじ》

此寺の妙なる音を尋ねきて後世の便りを聞くぞ嬉しき

▽田川郡香春町大字香春二六一―一

田川郡香春町は、国府のあったみやこ町豊津から、古代大宰府への往き来の重要な宿駅で（小野精一著『続宇佐郡史論』より）、現在では国道201号、322号の行き合う所の香春岳の麓にある。

豊前市からは新仲哀トンネルを抜けて走ると、香春町鏡山に着き、道の駅「香春　わぎえの里」が左にある。

豊国の香春は吾宅《わぎえ》紐《ひも》の児《こ》にいつがり居れば香春は吾家《わぎえ》　抜気大首《ぬきけのおおびと》

抜気大首が筑紫国へ赴任した時に詠まれた歌が『万葉集』にあることから、〝吾家〟が道の駅名として名付けられた。道の駅からは目の前に、香春岳の緑濃い三岳が並ぶ。その麓を金辺川《きべ》が流れ、JR日田彦山線が走る。

金辺川と呉川《くれ》の合流するあたりに架かる唐子橋を渡り、北へ二ノ岳の南麓を少し登ると、大きな木陰の下に山門の石柱が建つ。

左右に大石甚多しと旧書にある通り、門を入ると、涼しい木陰の岩の上のそここに小さな石仏が置かれ、そばに山頭火の句碑が建つ。

そこもここも石の上には仏さま

その奥の参道脇に、のしらんの群生が純白な玉のような花を持つ。木洩れ日を好むのしらんは、住職の母上

上：香春二ノ岳の麓にある高座石寺本堂
下：高座石寺参道に立つ山頭火句碑

が植えられた。冬には、あおみどりの美しい実が連なる。

高座石寺の本堂は、平成十一年十月、現住職の父である二十五世大鑑恭悟和尚が新築をした美しいたたずまいのお堂である。

その後、二十五世亡き後を継ぎ、平成二十二年十月、二十六世正鑑吾童和尚が晋山結制式を行い、観音堂や苑地などを整えた。

〝高座石寺〟という名前の由来は、「伝教大師流記」によると、大師が山腹の白い石の上に坐して七日七夜、法華薬草喩品を講じたところ、石山にたちまち草木が繁茂したので、この石を高坐石と名付けたという。

最澄は延暦二十三（八〇四）年、渡唐に先立って宇佐八幡宮に詣で、その託宣で香春神社に参籠し、入唐求《にっとうぐ》法《ほう》の祈願を行った。十年後の弘仁五（八一四）年、最澄は再び香春を訪れ、無事帰朝した礼に高座石寺をはじめ六坊を建立し、香春神社の神宮寺とした（『叡山大師伝』）。

応永六（一三九九）年、香春岳城合戦の折、寺も炎上。天正二（一五七四）年、元天台宗であったが、曹洞宗の長龍和尚が山王山高蔵寺として寺を再建。慶安年中（一六四八～五二）から三世海珠龍呑和尚、四世活水宗龍和尚と再興に力を注ぎ、鐘楼などを建立復興している。

十一面観音菩薩（秘仏）

上：観音堂（圓通殿）
下：境内の諸仏

享保六（一七二一）年、現在地に移転。長龍和尚の座禅石にちなんで再び高座石寺と改め、山号を牛頭山《ごずさん》とした。

旧境内には新しく天台宗神宮院が設置された。

平成二十二年、現住職が新しく整えられた観音堂には「圓通殿《えんつうでん》」との額が掛かり、伝教大師作と伝えられる十一面観世音菩薩が納められている。この菩薩は香春町指定文化財（彫刻）である。像は檜材の寄せ木造りで、玉眼入り。像高一〇三センチで、室町前期の制作となっている。残念ながら、五十年に一度の御開帳の秘仏ということで拝見することはできなかった。

観音堂への参道脇には、「麻三斤《まさんぎん》」と書かれた三斤堂と、「田川西国東四十六番」と「田川西国東部十九番」との札の掛けられた小堂が並んでいた。三斤堂には皆様から預かったたくさんの仏像が祀られている。

高座石寺では月に一度、第三日曜日に〝日曜坐禅会〟が開かれている。また、年に四回、法要も営まれる。

庭には時々、猿の群れが現れる。福智山や香春岳を往き来しているらしい。二十四位の群れか、またははぐれ猿など、山の食糧が不足して

鐘　楼

くると畑のものが狙われる。
みんみん蝉の鳴く声が、香春岳の深いみどりの中から聞こえてきた。

白玉ののしらんの花母上の手植えられしとう木陰もとおる　　悦子

三十三番札所

英彦山　鳥尾寺《とりおじ》

広大の知恵を恵《め》ぐらす鳥の尾に歩みを運ぶ四方の人々

▽田川郡添田町英彦山

英彦山の銅《かね》の鳥居《とりい》の近くに、英彦山神宮奉幣殿まで上るスロープカーの発着場、幸駅《さち》（ボヌール駅）がある。その幸駅のあたりには駐車場が広く用意されていて、スロープカーで上る人にも、銅の鳥居をくぐり奉幣殿、また上宮へ参拝する人々にも便利である。

上：参道。周囲には坊跡が遺る
左：参道案内板

鳥尾寺（鳥尾神社）へは、駐車場から国道500号を「しゃくなげ荘」の方面へ歩いて下る。やがて左の山際に、「十六羅漢、下佛来《しもぶく》不動明王」と書かれた看板が建つ。

やっと一人が通れる参道を、左の山に沿い登ると、まもなく山中に入る。細い山道ながら人の往き来はあるらしい。枯れ葉に覆われた地面には、わずかに早春の陽が差している。

「十六羅漢の由来」「下佛来不動尊参道」と書かれた石碑を左に見てしばらく行くと、山中のそこここに石垣が遺り、山伏の住まいの跡といわれている。

角の少し壊れかけた板碑に「鳥尾神社、下佛来不動尊参拝口」と書かれた所から、青く苔むした石段が斜面を上り、不動堂（不動窟）まで続く。近くに鳥尾神社の跡があることからともに記され、不動堂の前には左右に細い榊が植わり、軒下には注連縄が張られている。

岩壁を四角にくり抜いて入り口があり、板戸がはめ込まれ、屋根にはトタン板が載る。屋根の上方には、寺社の屋根を模した形が岩に彫り込まれている。

周囲の岩の窪みのそこここには、以前小像を安置していたのであろうが、今はない。

お堂の左側には、巌《いわお》が大きく裂けて陰窟となった岩があり、奥に小祠が祀られる。堂の横の厚く苔むした手水鉢《ちょうずばち》を見て、不動堂の板戸を開ける。

中は香の匂いが漂い、床は板の間となっている。正面の岩の中ほどを、お厨子の形に岩壁がくり抜かれて、中に不動尊の坐像が祀られる。右の岩壁も円くくり抜かれている。

外からは想像もできないが、内部の天井と周囲三面、真四角に彫られていて、広い空間となっている。岩が水を通さないらしく、湿気が全く感じられない。また堂内は片付いていて、今でも遠くからの信者が参詣に訪れる。

中世には一千（約三千人）あった坊の数は、幕末には二五二坊となった。それも明治の神仏分離令、修験禁止令ののち、七割近くの人々が山を離れ、生活の場を他に求めて散っていった。

英彦山の自然の中から生まれた薬草による薬作りは、山伏の生活を支えるものともなった。明治八（一八七五）年、十年に英彦山の売薬出願や、売薬行商の鑑札が届いたことも歴史に記されている。山を離れて鹿児島や長崎に、里山伏として居ついた人も多かった。

西谷の勝林《かつばやし》元海《もとみ》さん（八十七歳）は、元勝琳坊《しょうりんぼう》と呼ばれた英彦山山伏であった。西谷集落ではいまだに続いている、下佛来の鳥尾まつりがある。まつりは秋に行われていて、直会《なおらい》は「しゃくなげ荘」でするという。

上：鳥尾神社（不動窟）
下左：不動窟内の不動尊
下右：境内の石祀

上仏来山《かんぷくざん》の山頂には毘沙門堂があり、戦の神である毘沙門天が祀られる。その毘沙門天像は大友宗麟の像を踏みつけている。天正年間（一五七三〜九二）、勢力を広げていく大友軍に豊前の国も悩まされた。英彦山でも、大友軍を撃退するための戦勝祈願を行った。

上仏来では、四月中旬過ぎに鎮華祭が行われる。花の散る頃には悪疫が流行しやすく、また、春の心を鎮めるための祭りでもあるという。上仏来の毘沙門

みつまたの花［藤井撮影］

堂には古文書が遺っていて、役場の職員さんが読み解いている。何か新しい発見があるかも知れない。

不動堂からの戻り、西谷公園にある十六羅漢に上る。急な山道のため鎖や綱を置いている。狭い公園からは見晴らしが良く、そそり立つ岩の前に不動明王、大師像、十三仏が並び、奥に十六羅漢が懸崖《けんがい》造りの下に並ぶ。

羅漢像は、江戸時代の作りながら、明治の廃仏毀釈にも遭わず、全体像が整っている。

幸（ボヌール）駅を出たスロープカーは、次の花（フルール）駅、花園（シャルダンフルール）駅、そして終点の神（ディウ）駅へ。神駅を降りて、英彦山神宮奉幣殿、修験道会館へと足早に巡ったが、千年以上にわたる英彦山の歴史をしばし偲ぶことができた。

スロープカーからは、たくさん植えられたみつまたが見られる。十二月には白い蕾を見せ、三～四月に一斉に黄色い花を咲かせ、甘い香りを漂わせる。また、しゃくなげも四月下旬から五月、六月と見られることであろう。

スロープカーは花々の上をゆっくりと進み、ガイドの説明に耳を傾けながら桜やこぶしの盛りも楽しめる。

西谷では以前、観音講が行われていた。下谷では七月十七日、女性ばかりの講、上谷では七月十八日に男女とも参加しての講がある。観音像も立派なものがあったが焼失してしまったという。

みつまたの香りひろがる英彦山に幕末維新の殉死者眠る　悦子

番外一

上毛郡《こうげ》垂水村《たるみ》　里《り》んの足跡《たび》

小さきは小さきままに花咲けり風が運んだ大根の花

林　秋翠

細かい雨が、すっかり衣替えした樟や椎の柔らかい葉に降りそそいでいる。長く楽しませてもらった桜の花も終わり、残りの花が忘れたように時折散っていく。その雨の中を、豊前を出て小倉、門司、そしてさらにトンネルをくぐる。本州の玄関口の下関に出てきた時には、雨もすっかり上がり、明るい陽がさしていた。

いま、車さえあれば関門トンネル、関門大橋をいとも簡単に数分で越えられる。天候を気にしながら、舟が最高の交通手段であった江戸時代の旅の困難さと楽しさを偲ぶ。

春は遍路の季節でもある。年が明けると新聞には大きく一面に、四国遍路や西国巡礼への旅へ誘う広告が載る。

原井の観音堂の納経塔に納められた納経帳に、行者七左衛門の納めた札が残っていた。宝暦十三（一七六三）～明和二（一七六五）年の約二年間にわたり、下総国から関東、中部、北陸、山陰路を六十七カ寺と神社四十六社、合わせて一一三寺社の巡礼をして、最後は求菩提山白山大権現に九月二十六日にお詣りし、すぐに原井の観音堂へ納札《のうさつ》されている。

やはり原井の観音堂へ納経帳が納められていた一人、「九州豊前国上毛郡垂水村 里ん」の、西国三十三所観音めぐりの札もある。明和七（一七七〇）年、里んの残した札は、西国札所十七カ寺、宿札二十七枚だけである。

しかし、寺の札と宿所の札、地図などを突き合わせて見ていると、確かに三十三の札所あるいは途中の寺社を巡ったであろう足跡が浮かび上がってくる。

二月の末に垂水村を発った里んの旅は三カ月余り、約一一〇日間であった。里んが旅をした前後は、大変に飢饉の多い時代で、大雨や日照りによる農作物の不作が続いていた。

江戸時代、大変な流行となった伊勢参詣や他国旅行には、藩や檀那寺からの往来手形を常時持っていなけれ

上：龍翔寺御内仏
中：龍翔寺（宇佐市高並）
下：法蓮法器塚

ば、各関所や番所を通過できなかった。

さらに女性の関所通過は厳しく、遠回りして山越えや舟で通過する者がたくさんいた。里んが旅をした翌年の明和八年には、お陰参りが流行り、春から夏にかけて二百万人の人出であったという。

庶民が他国旅行に出られるのは、一年間に村から一名程度で、檀那寺が勝手に往来手形を発しないよう通達が出されていた。しかも幕末にかけては、さらに厳しくなったという。

旅人は往還筋の旅宿に一泊、村中への立ち入り禁止、他領への奉公稼ぎはいけない、などたくさんの決まりがあった。そのためにも伊勢講を組んで社寺参りを交代で楽しんだものであろう。

▼里んの足跡（宿札より）

三月十四日、若州下中郡遠敷村節右衛門
十五、十六日、若州上中郡伯○村孫宗
十七日、江州木先村　甚兵衛
十九日、江州蒲生郡金剛寺村行家新平
四月三日、紀州くまの古江浦光明寺
十二日、和哥雑賀《さいが》高松仁右衛門
和哥山有本村仁右衛門
二十一日、紀州万遍山茲尊院役所
二十八日、和州山辺郡石上村嘉右衛門
二十九日、山城国相楽郡木津市
五月一日、同　坂村○参宿
二日より九日朝まで木津本町松原屋
九日、山城国宇治郡炭山村伊藤久右衛門
十日、江州大津札之札角近江屋伊助
十四日、丹波桑田郡西条村原田与一
十八日、三田福嶋村一郎右衛門
二十一日、大田村かさや十蔵
二十三日、備後国片上村野口○○三郎
二十五日、備中下通郡川辺仲町矢部屋勘十郎
二十七日、備後をのみち　権三郎
二十八日、備後三原　友七
六月三日、木津屋　金右衛門
四日、岩国　大和屋利兵衛
五日、徳山町　薬屋本兵衛
六日、小郡楽○村　かじや左七
七日、　かじや長七
納札　豊前国上毛郡原井村岩屋堂

番外 二

宇佐　極楽寺《ごくらくじ》

暖かい日の続く一日、宇佐神宮の駐車場に車を停めた。道を挟んでJAのふれあい市場があり、隣が宇佐市観光案内所。その左隣に寺門が立ち、極楽寺の境内に入る。寺門から正面には小山のような自然石が据り、大弐堂の円額の写しがはめ込まれている。そこには明治初めの廃仏毀釈の折に、宇佐宮境内の大弐堂は壊され、木造阿弥陀如来とこの円額は当寺へ招来された、と記されている。

住職の國東利行氏は宇佐市文化財調査委員でもある。住職には以前、西山観音堂を案内していただいた。極楽寺はもともと宇佐宮内にあって、明治に入って今の場所に移されたのではないか、という。廃寺寸前にあった本寺を、文久二（一八六二）年、伊美の正円寺の住職翻迷《ほんめい》師が再興し、本願寺の直系として認められる。現住職の祖父に当たる。

同じ宇佐宮内の大弐堂より移され御本尊としている木造阿弥陀如来立像を、このたび福岡において修理し、宇佐風土記の丘歴史民俗資料館（現大分県立歴史博物館）に展示された。その間、本堂内部の畳替えをし、本尊の内陣も美しく彩色を済ませ、少し丈高くなられた像の頭上の天井も丸く高くなり、十二月二日には自坊に戻られた。

「少しですね、阿弥陀様に発見がありました」

修理を終えた御本尊のことを、住職はうれしそうに話された。

大弐堂の円額の写し

宇佐風土記の丘の学芸員によると、像の製作年代は鎌倉時代であること、足の裏と台座の接合方法が珍しいこと、像が二つに分かれるので内部に何か納まっていたのではないかと思われることなどが分かったという。

二番札所の西山観音像も鎌倉仏で、しっかりとした顔立ちであったが、極楽寺の本尊も厳しいお顔をしておられる。

一毛髪中観浄土

高橋泥舟

上：極楽寺の門
下：木造阿弥陀如来像（鎌倉時代の作）

以前、中津の図書館で「宇佐風土記の丘」の前館長の版画と文に出合った。中に、極楽寺一、二とあり、「髪繍当麻曼陀羅」のことが書かれてあった。

真言宗の僧空念が、八万四〇〇〇人の毛髪を集め、三十七日間断食の後、この毛髪で刺繍をしたと伝えられる。雲の表現には白髪が使われている。

極楽寺に伝わる曼陀羅図は、縁起文によると延宝二（一六七四）

年の成立。

明治の初め、廃仏毀釈で酒屋の主人に金百円で売られたものを、国東飆迷師が譲り受け寺に安置すると、遠くからも善男善女がお参りに来た。

曼陀羅図は黒髪、白髪を巧みに使って如来や菩薩、宮殿、楼閣、蓮華など精緻に表現されている。

布教のため全国を奔走し、広く友人を持っていた飆迷師は、明六社の中村正直と相談し、その曼陀羅図を東京へ運ぶ。明六社は福沢諭吉、森有礼《ありのり》、西周《あまね》らにより明治六（一八七三）年に発足した団体で、翌年『明六雑誌』を出している。師とは交流があった。

この曼陀羅図が毛髪による刺繍であることを宮中の女官が発見、「観無量寿経」の経文もすべて髪であった。

その曼陀羅図を見て、明治の三舟を始め一流人が多く揮毫している。それが表装され、長い巻物となって極楽寺にある。

極楽寺の本堂の奥の一間が空調設備されてあり、大弐堂の円額、曼陀羅図、泥舟の書が納められている。

女人の髪を織る、とはどのようなものであろうか。江戸時代には、女性が自分の髪の毛で六字名号を織り上げるということはあったらしい。しかし、このように髪で緻密に織られた曼陀羅図は、どこかにあるのであろうがあまり見かけない、と宇佐風土記の丘の学芸員は言われる。

たくさんの女人の髪で織られたものであるから、その思いと深さは確実にその祈りのもとへ届いていくことであろう。

「観無量寿経」の中の物語が織られていて、あるいは父母への想い厚く、奉納されたものであろうか。

番外 三

安心院町《あじむ》　東椎屋《ひがししや》の滝

宇佐市安心院町東椎屋へは、国道387号を宇佐から院内へ入り、まもなく左（別府院内線）に出て、津房《つぶさ》川に沿っていく（現在、国道500号が通る）。

十月上旬、まだ夏の暑さが少しばかり残っているような時、東椎屋の滝へ出かけた。四囲を山に囲まれた安心院盆地の、少し熟れ色となった稲田の何枚かは、台風十四号の影響であろうか一面に倒れ伏している。稲架《はさ》掛けの田もある。

町内には八十カ所ばかりの民家の壁に鏝絵《こてえ》が残っている。町では先祖からの遺産である鏝絵と、農業体験を通して都市と農村の交流を図り、農村をよく知ってもらうというグリーンツーリズム運動に取り組んでいる。

九州自然動物公園「アフリカンサファリ」に行く途中の道路の右手に、東椎屋への案内柱が立つ。そこから右に曲がると二、三分で市営駐車場に着く。

駐車場には「天領観光」の大型バスが一台止まっていた。山際に沿った小さい建物で駐車料金を支払う。八十代と思われる管理の女性が、子供の頃観音堂は滝の飛沫でお堂は腐り、丸くなった石の観音像は滝裏の岩壁に安置されている、と言う。

滝と滝壺は観音信仰の霊場として、時に一カ月かけて毎日お詣りする人もいる。干魃《かんばつ》の年、国東の真玉《またま》から笹を持って滝水を受け、引き上げていったそのすぐ後に雨が降り出したこともあった。「昔は信仰が厚かった」

九州華厳と呼ばれる東椎屋の滝

と、先の女性は言う。

江戸時代、中津藩の殿様が滝を見に来られた時の、駕籠《かご》の位置には、帆足万里の詩碑が自然石の上に立っている。出かける前に見た蓑虫山人《みのむしさんじん》の画帖の中には、細い優美な滝を遠景に、中津の殿様と寺院が描かれてあった。

七月初めに滝開きをして安全祈願をする。十年程前までは七、八人の山伏が参加していたが、今では二人の参加があって行われる。

「天領観光」バスにぼつぼつ観光客が戻ってきている。韓国からの旅行団である。フェリーが福岡に着くと、日田や別府泊りの場合、周辺の観光となるため、この頃はよく外国からのお客さんが多いと、一軒だけある小さな店の主が話していた。椎茸の産地でもあるので、椎茸茶や椎茸のからし漬け、漬物類、小物雑貨などを置いてある。簡単な小屋掛けで、それでも以前はもう少し店もあったが、上流にダムができてからは水量が減り、客も少なくなったため店をたたんだ人もいる。

滝への入口左に帆足万里の詩碑が立ち、杉山を左に見て滝川の右岸を行くと、しらやまぎくが咲き、藪みょうがが碧黒《あお》い実をつけ、ぬすびとはぎの小さいピンクの花も莢《さや》に変わってきている。

国指定名勝耶馬渓の内の椎屋の滝は、新耶馬渓溶岩といわれる輝石安山岩でなっており、滝水の流れが岩床を穿《うが》ち、両岸の地層もくっきり露わに出して、深い水の溜まりや流れのおもむくままに、美しい渓谷を見せている。

周辺には木々が差し出て、いぬびわも多く、葉の小さなかえでや、ふじかんぞうの花も咲く。岩にはいわたばこの葉が点々と生う。ギィギィギィー、ピピピピと鳥の声がする。

バスの大方の客とすれ違ったが、まだ残りの数名はのんびりと観光をしている。韓国には滝が少ないと聞く。

安心院俚謡《りよう》に「東椎屋は九州華厳、絵でも見るよな高貴姿《あですがた》」と唄われている。新耶馬渓溶岩の柱状節理を削り、落差約八五メートルの高さでは華厳の滝よりわずかに劣るが、まさに華厳そのものと、土地の人の滝への思いは深い。藩主、学者、文人・墨客の来遊が相次ぎ、多くの書画・詩文が遺されている。

間断なく流れ落ちる滝の、裏側の岩に居ます観音の姿は見えない。冬場は水量も減り、凍ることも多いのでほとんど流れはなくなるという。

土曜日でもあり、滝へ行く二人、三人と細い道をすれ違いながら谷を後にした。

東椎屋の滝と滝壺の紅葉

昔から、優美な流れの東椎屋の滝は〝雌滝〟とし、力強い流れの西椎屋《にししや》の滝を〝雄滝〟、低い流れながら一般に親しまれている福貴野《ふきの》の滝は〝子滝〟といわれてきた。

番外 四

福《ふ》貴《き》野《の》の滝と悲恋伝説

▽宇佐市安心院町

水上の水は水とも見えながら落つるは雲と烟《けむり》なりけり　　渡辺重春

宇佐三瀑の一つ福貴野の滝は、西椎屋の〝雄滝〟、東椎屋の〝雌滝〟に対し〝子滝〟と呼ばれる。子滝とは言いながら、約六〇メートルの高さから二筋となって流れ落ちる様は、やはり見事である。

宇佐市院内から安心院へ入り、県道50号を福貴野の滝へ向かっていると、棚田の緑が美しい。休耕田には集団栽培の大豆の葉がそよぐ。

深見中学校、深見小学校を経て、やがて左に深見小福貴野分校がある。右上に「柿の葉寿司」の看板が見える。そのまま少し走ると、右手に滝への案内がある。

福貴野の滝の駐車場は割と広い。車を置き休憩所においてある杖を借りる。人っ子一人いない休憩所の木の椅子には、山の蝶が数匹羽を休めていた。すぼめた羽は鮮やかな銀色である。ウラギンシジミ蝶であろうか。

駐車場の脇を少し下り、龍泉寺跡を見つつ裏側へ廻ると滝見台がある。中津藩の殿様がそこから滝を眺めたという観瀑所で、戦前までは小亭が建っていたという。「龍泉寺の滝」でも通っている。

深見ダムから流れ下る水が、滝口周辺の深い緑の間を流れ、滝壺までの姿を見せている。土地の人の話では、六、七月の緑深い豊富な水量の頃と、十一、十二月の紅葉の頃が一番の見頃であるという。

緑に包まれた福貴野の滝（滝見台より）

滝見台から少し下ると、中津藩国学者渡辺重春の歌碑が建つ。江戸時代から中津藩主をはじめ武士、学者、文人が訪れ、多くの絵や詩歌を残している。

春風の末みだれつつ滝のいと

寛政八年三月　渡辺魚竜（里村玄碩）

つま黒黄蝶《ぐろきちょう》が飛び、ひよどりばな、ふうろ草、きつねのまご、薄いピンクのたでが咲く。

また、山の口集落から滝壺へ行く道がある。滝壺近く、少し飛沫を浴びながら滝の裏側まで行けるところから「裏見の滝」ともいい、ことに朝日が滝壺に差す頃、滝壺から小さな虹が次々に湧き出るのを見ることがある。

福貴野の滝には、美少女妙、若い僧鳳寿丸、石工の息子潜吉の三つ巴の悲恋伝説がある。

室町時代のこと、山の口から龍泉寺へ上がってくる途中に、塔の原という地区があり、十二も子房を抱え

龍が棲むといわれる福貴野の滝

た安楽寺という天台宗のお寺があった。源平合戦で負けた平氏の一部が柳ケ浦から上陸して、ここに安住の地を求め寺を建立したものという。妙は母と二人で寺の雑用などして細々と暮していた。

徳望高い当主恵慶和尚のもと、毎年のならわしの三月朔日、開祖の法要が賑やかに行われた。甘から餅や塩魚などの露店も並び、たくさんの人で賑わっていた。昔の平氏の風俗を模して行う稚児行列の先頭を歩いている妙は十五歳、稚児行列へ出るのもこれが最後である。

その彼女を群集の間から見つめる若者があった。安楽寺出入りの石工淡心の倅《せがれ》で、十九歳の潜吉である。彼は妙に鳳寿丸という相思相愛の寺僧がいるのに気が付かず、後にそのことを知り絶望し、傍目にも痛ましいほどであった。

ある宵のこと、潜吉が石材の切り出しの仕事を終え、福貴野村の高台を滝道にさしかかった時、ふと前方を歩いている妙と鳳寿丸の姿を見かけた。

しばらくは心を押さえていた潜吉であったが、いきなり持っていた石斧をふるって二人に襲いかかってしまう。そして逃げ込む二人を追って杉木立に入りこみ、そこで朽木につまずいて倒れ、その拍子に投げ出された斧を鳳寿丸が拾う。もみ合いの末、鳳寿丸が渾身の力で振り下ろした斧は、あろうことか争いを止めに入った妙の肩先へ。呆然とした二人は、力を合わせて妙を労りながら山を下りていった。

次の朝、鳳寿丸は龍泉寺裏の滝壺に身を投げているのが発見された。妙は幸い傷は治っていったものの、自分の胎内に宿る鳳寿丸の形見に気付き、ある朝、同じ滝口から滝壺へ身を投げてしまった。

三つの尊い命を失ったことに気付いた潜吉は、ある日、滝の中ほどの岩壁にぶら下がり、懸命に何やら彫り始めた。一心に彫り続け、疲れの目立ってきた七日目の朝、潜吉の姿は村人の前から消えていた。

その後、拝み台から滝を眺めていた淡心と妙の母は、朝日の光の中に気高い二体の観音様（夫婦観音）の姿を見た。そして、滝壺の中に遊ぶ龍と化した潜吉の姿も。

四十年が過ぎ、村に一人の旅の僧が訪れた。滝壺の近くに庵を結び、村人の願いを容れて龍泉寺の再興をした照善上人は、潜吉の発心修行した四十年後の姿であった。

今でも時折、二体の観音様と龍の姿を見かけることがあるそうだ。


滝の戻りに龍泉寺跡（臥雲山龍泉寺、浄土真宗本願寺派、本尊阿弥陀如来像）に寄る。

大昔、唐の僧が玖珠の龍門寺で仏道修行の後、福貴野の滝に草庵を結び、のち永正十八（一五二一）年、智教が滝の下に庵を作り、龍泉寺と称した。正同の時、現在地に伽藍を建立。

寺は今から五十年前に火災を起こして全焼、再建途上に住職が遷化《せんげ》され、東光山西照寺に合併する。

番外 五

滝の観音寺／お弘《こう》法《ぼう》観音

▽北九州市門司区大里戸ノ上山

ＪＲ門司駅の南口に降り立つと、眼の前に大きく戸ノ上山《とのえさん》が姿を見せる。駅南口から左へ、国道3号線の大《だい》里《り》戸ノ上の交差点を、戸ノ上山に向かって真っすぐに県道71号が延びる。途中、平家ゆかりの柳《やなぎ》の御所神社があり、境内には平家一門の詠んだ歌碑が建つ。

戸ノ上山の麓には、戸ノ上神社本宮、頂上には上宮がある。また神社内には、弘法大師が大同元（八〇六）年、唐より帰朝の折に立ち寄られ、一宇を建立し、観音様を安置したとされる満隆寺《まんりゅうじ》がある。

中世戦乱の世に兵火にかかり、堂宇・僧坊ことごとく焼失したと伝える。慶長年間（一五九六〜一六一五）に再建、中興される。その後、修験道に属したこともあるという。

戸ノ上神社の前を左に、戸ノ上山へのやや細い道をたどれば、「瀧の観音寺」と書かれた石柱があり、右側に駐車場がある。その駐車場の奥に「細川侯の歌石観音」と石碑が建つ。石碑は平成十四年六月に建てられた。

「細川侯の歌石観音」石碑

この奥谷渓谷は大里の人々の共有地として管理もされていたが、昭和二十八（一九五三）年の大雨の際、土石に流され荒れてしまった。今ではすっかり涸れ谷となった渓谷の、大きな岩石の上の祠《ほこら》に「お弘法観音」と呼ばれる坐像が安置されている。

上：奥谷渓谷
下：お弘法観音

涸れ谷を挟んで対岸に、忠興公の歌が笠付き円筒石に刻まれている。

誰も世に留るとはなき山水のすむも濁るも流れてぞゆく

渓谷には他にも大師像やお地蔵様などが岩の上に置かれてあった。
地元の大里には「大里文化会」がある。文化会のお世話をしている「柳庵」の石崎さんから、故北野昭二氏の書かれた資料を頂いた。

大里町の屛障を成せる戸上山の北麓一帯は、其往時、小笠原出雲公拝領の山林にして、古木老樹の鬱蒼として成り、渓その間を縫うて滝の観音より来り、澗水淙々として幽寂を被り珍卉香草山に満ち、誠に仏法の霊地であった。（略）

（「門司新報」明治四十三年）

「古木老樹の鬱蒼として成り」と書かれている通り、今でも山林の樹々は、折れ曲がりながらも皆天に向かって伸びている。
大里にあったという静泰院から程近い奥山渓谷に度々足を運ばれた忠興公は、茶の湯の野点《のだて》や歌会を催されたことであろう。
また、文化八（一八一一）年より文政元（一

上：滝の観音寺
右：滝の観音寺の不動明王像

八一八）年まで幕府の連歌師であった里村《さとむら》玄川は、しばしば大里宿を訪れているが、この時、石原宗俊（宗祐翁孫）の案内で、静泰院及び歌石観音へも訪れ、次の句を詠んでいる。

静泰院にて（「種心斎里村玄川句集」）

山深し心に秋の色もなし
水落て雲に声あり太山かな

静泰院にて奥に瀧あるを（歌石観音）
爰《ここ》を瀬に落帰り鳴け瀧川の水上高き山ほととぎす

明治の初め頃、縁あって行橋市の香円寺に移築されたという静泰院。沓尾《くつお》の香円寺の内陣柱に、細川藩の家紋・九曜紋が彫られている。また、忠興・忠利公の位牌も安置されている。

駐車場正面の「瀧の観音寺」との石柱の建つ脇の石段を、手すりを伝いながら四百段登る。参道にはあじさいが植えられている。手すりの右外側には、荷物運搬用のモノレールが本堂の境内まで敷かれている。登って左に本堂が建ち、境内には九月十七日の大護摩大祭を終えたばかりの跡があった。観音菩薩、不動明王などたくさんの石仏が安置され、奥の院には如意輪観音像が岩に彫られている。

瀧の観音寺は大正十二（一九二三）年、天台宗玄清法流として、初代晟尚法印がこの地に来り、現在は三代目の住職酒田観耀氏である。以前は滝の水も多く、周囲は蛍が飛び交い、また水遊びもできていたという。

留るなき世の盛衰の奥谷にお弘法観音・歌石観音　　悦子

参考文献

山根勇三ほか著『原色日本の美術　18　風俗画と浮世絵師』小学館、一九九〇年
『角川日本地名大辞典　40福岡県』角川書店、一九八八年
『角川日本地名大辞典　44大分県』角川書店、一九八〇年
東条操編『全国方言辞典』東京堂出版、一九七七年
院内町誌刊行会編『院内町誌』一九八三年
『太平村史』一九八六年
勝山町史編纂委員会編『勝山町史』一九七四年
行橋市史編纂委員会編『行橋市史』二〇〇四年
香春町史編纂委員会編『香春町史』二〇〇一年
郷土誌「みやこ」二〇〇九年
広報「うさ」
小野精一著『大宇佐郡史論』宇佐郡史談会、一九三一年
小野精一著『続大宇佐郡史論』
「中津川由来記」中津古文書会
伊藤常足著『太宰管内志』（下巻）防長史料出版社、一九七八年
豊前市編『市制50周年記念ぶぜん写真集』二〇〇六年
伊東尾四郎編『京都郡誌』美夜古文化懇話会、一九七五年
渡辺重春・渡辺重兄原著・増訂『豊前志』雄山閣、一九七一年
貝原益軒著「豊国紀行」（古賀武夫編『中・近世の豊前紀行記』美夜古郷土史学校、一九七六年）
恒遠醒窓著、三浦尚司校註『遠帆楼詩鈔』二〇〇四年
恒遠俊輔著『天狗たちの森　求菩提山と修験道』葦書房、二〇〇一年
古賀武夫編『中・近世の豊前紀行記』美夜古郷土史学校、一九七六年
「写真集郷愁のローカル鉄道耶馬渓線」大分合同新聞社、二〇〇四年
「宇佐宮大楽寺」宇佐宮大楽寺刊行会、一九八七年
「清水寺縁起」
「三光村長谷寺」
院内「宇佐文学」
「等覚寺の松会」
「謹念寺縁起」
「朝日寺縁起」
「豊前国分寺跡案内書」
郷土文化誌『豊豊《にほう》』九号、一九九七年冬号

あとがき

私のふるさとに豊前国三十三観音札所の一つがあり、その札所の納経塔の中に明和七年（一七七〇）、西国観音札所をめぐった垂水村里《り》んの札が遺っていた。『大平村誌』に記された、りんの足跡を追っているうちに、私に芽ばえた旅心でもあった。

垂水村里んは、大平村と新吉富村が合併してできた現在の上毛町で、私と同じ出身地ということになる。その同じ上毛町下唐原に、長年、福岡県の文化財保護指導委員を務めてこられた宮本工氏が居られる。昭和八年生まれで八十歳になられる氏は、観音札所めぐりの先達でもある。

昨春四月の終わり、氏の自宅にお伺いして見せていただいた札所の写真は、きちんと整理されていた。また、印象に残った札所のお話などを伺うことができた。まだまだお元気な氏の、今後のご活躍を期待したい。

平成十六年一月から十年間、三十七回にわたり、くろつち短歌会の『藍』に掲載された「観音札所めぐり」に、行橋市の写真家・中村順一氏の写真が入って、素晴らしいものとなりました。私が十年かかって取材した札所を、中村氏は一昨年春から約二年間、豊前国の内を走り廻って撮影して下さいました。札所の地図も共に作成して下さり、ありがとうございました。

この度の私の初めての本のために、半田隆夫氏より温かい序文をいただきました。半田先生は夫・較一の古文書の師でもあり、『豊前市史』の折にも大変お世話になりました。また、私も豊前市での講演でお話を伺ったことがあります。幕末の将軍家へ嫁す篤姫の、薩摩から江戸への道中の様子などを興味深く聴かせていただきました。

また、歴史や文化財に詳しい栗焼憲児氏（豊前市綜合政策課長）、佐藤良二郎氏（宇佐市教育委員会社会教育課長）のお二方には内容を点検していただきました。お忙しい中をありがとうございました。

観音札所所在各市町村の教育委員会、福岡県立求菩提資料館・大分県立歴史博物館（風土記の丘）などの学芸員の方々、三十三観音札所の寺院や地元の区長さんたち、多くの方々にお世話になりました。厚くお礼を申し上げます。

私の所属するくろつち短歌会の安仲年枝先生はじめ、熊本良子さん、彩音まさきさん、会員の方々にもご協力いただきました。

車を持たない私のために、二度三度となく現地に通って下さった友人や妹、二人の息子たち。それぞれが仕事の合い間の時間を割いて支えてくれたことを嬉しく思います。

今回の出版のお話を最初にいただき中村氏をご紹介いただいた行橋市の光畑浩治氏、花乱社の別府大悟氏、編集部の宇野道子氏には何度も足を運んでいただきました。感謝いたしております。

現在病気療養中の夫、較一が元気の折には、一緒に札所を巡ってくれました。立派に出来ました本を一番に見てもらいたいと思います。

平成二十六年三月

藤井悦子

藤井悦子（ふじい・えつこ）
1942年，福岡県築上郡上毛町に生まれる。
1960年，大分県立中津南高等学校卒業。
1980年，くろつち短歌会入会。会誌『藍』に作品発表。
福岡県豊前市在住

中村順一（なかむら・じゅんいち）
1950年，福岡県行橋市下検地に生まれる。
1968年，門司工業高等学校卒業。
㈱ローム福岡他に勤務。
40歳で本格的に写真を始める。
　二科会写真部福岡支部／軍団コスモス所属／二科会会友
定年退職後，269日かけて徒歩で日本を一周歩する。
行橋市在住

装丁：design POOL

豊前《ぶぜん》国《こく》三十三《さんじゅうさん》観音《かんのん》札所《ふだしょ》めぐり
歴史《れきし》と心《こころ》の旅路《たびじ》

❖

2014年7月1日　第1刷発行

❖

著　者　藤井悦子
発行者　別府大悟
発行所　合同会社花乱社
〒810-0073 福岡市中央区舞鶴1-6-13-405
電話 092(781)7550　FAX 092(781)7555
http://www.karansha.com
印刷所　秀巧社印刷株式会社
製本所　篠原製本株式会社
ISBN978-4-905327-35-6